CODE

DE LA

POLICE DE LA CHASSE.

Imprimerie de COSSE et N. DELAMOTTE,
rue Christine, 2.

CODE

DE LA POLICE

DE LA CHASSE

Commenté

PAR M. CAMUSAT-BUSSEROLLES,

Substitut du Procureur du Roi, près le tribunal civil de la Seine;

REVU

PAR M. FRANCK-CARRÉ,

Pair de France, Premier Président de la Cour royale de Rouen, Rapporteur de la Loi
à la Chambre des Pairs.

PARIS,

IMPRIMERIE ET LIBRAIRIE GÉNÉRALE DE JURISPRUDENCE
DE COSSE ET N. DELAMOTTE,
Directeurs des journaux du Droit criminel, des Avoués, des Huissiers, etc.
PLACE DAUPHINE, 26 ET 27.

1844

CIRCULAIRE

DE M. LE GARDE DES SCEAUX

A MM. LES PROCUREURS GÉNÉRAUX DES COURS ROYALES,

RELATIVE A LA LOI

SUR LA

POLICE DE LA CHASSE.

« Monsieur le Procureur général, l'opinion publique accusait depuis longtemps notre législation sur
la chasse de faiblesse et d'insuffisance. Elle demandait contre le braconnage des moyens de répression
plus sévères et plus efficaces. Le vœu qu'elle a exprimé a été entendu par le Gouvernement et les Chambres : la loi sur la police de la chasse a été rendue. Si
cette loi est exécutée comme elle doit l'être, avec une
sage fermeté, elle fera cesser les abus qui excitaient
de si vives et de si justes réclamations. Elle sera un
bienfait pour la propriété et l'agriculture, qui re-
gardent avec raison les braconniers comme l'un de
leurs plus redoutables fléaux; elle préservera le gibier
de la destruction complète et prochaine dont il était
menacé ; elle aura enfin un résultat moral qui doit
l'agrandir et en relever l'importance aux yeux de
tous les gens de bien : elle empêchera une classe

nombreuse et intéressante de la société de se livrer à des habitudes d'oisiveté et de désordres qui conduisaient trop souvent au crime. Les fonctions que vous remplissez vous mettent à même de reconnaître et d'apprécier mieux que personne les avantages incontestables de cette loi. Je viens vous prier d'en surveiller l'exécution, et vous signaler celles de ses dispositions sur lesquelles votre attention me paraît devoir se fixer plus particulièrement.

« La loi est divisée en quatre sections, dont la première renferme toutes les prescriptions relatives à l'exercice du droit de chasse. Cette première partie est celle qui contient les innovations les plus nombreuses et les plus importantes.

« L'art. 1er établit en principe que nul ne pourra chasser, même sur sa propriété, si la chasse n'est pas ouverte, et s'il ne lui a pas été délivré un permis de chasse par l'autorité compétente. Il modifie l'ancienne législation, en ce qu'il exige, pour tous les procédés et moyens de chasse, le permis de l'autorité, qui n'était exigé par le décret du 4 mai 1812 que pour la chasse au fusil; et afin de qualifier ce permis d'une manière qui en indique la portée, il lui donne le nom de permis de chasse au lieu du nom de permis de port d'armes de chasse, sous lequel le décret de 1812 le désignait. Pour être fidèle à la pensée de la loi, il faut entendre le mot chasse dans le sens le plus général, et l'appliquer sans distinction à la recherche, à la poursuite de tout animal sauvage ou de tout oiseau. C'est ainsi, au surplus, que ce mot a été entendu par la Cour de cassation, même sous l'empire de la législation de 1790 et de 1812. Il en résulte que, quel que soit l'animal sauvage ou l'oiseau que l'on chasse, et s'il s'agit d'oiseaux de passage, quels que soient le moyen et le procédé de chasse dont on soit autorisé à se servir, un permis de chasse est nécessaire.

L'art. 2 admet une exception au principe général posé dans l'art. 1ᵉʳ : il autorise le « propriétaire ou possesseur à chasser ou faire chasser en tout temps dans ses possessions, attenant à une habitation et entourées d'une clôture continue, faisant obstacle à toute communication avec les héritages voisins. »

« L'exception est beaucoup plus restreinte qu'elle ne l'était sous l'empire de la loi du 30 avril 1790. Cette dernière loi permettait au propriétaire ou possesseur de chasser en tout temps dans ses bois et dans celles de ses possessions qui étaient séparées des héritages voisins par des murs ou des haies vives, lors même qu'elles étaient éloignées d'une habitation. Dans certains départements, où presque tous les champs sont clos de haies, l'exception détruisait la règle; d'un autre côté, on a reconnu que la chasse dans les bois à l'époque de la reproduction du gibier, était aussi nuisible que la chasse en plaine. On a senti la nécessité de limiter l'exception, autant que possible; elle n'est donc accordée que pour les possessions attenant à une habitation, et il faudra encore que ces possessions soient entourées d'une clôture continue, formant obstacle à toute communication avec les héritages voisins.

« J'appelle votre attention sur les termes employés par l'article 2 pour désigner la clôture. Les expressions les plus fortes ont été choisies à dessein, pour bien faire comprendre qu'il ne s'agit pas ici d'une de ces clôtures incomplètes comme on en rencontre beaucoup dans les campagnes, mais d'une clôture non interrompue et tellement parfaite, qu'il soit impossible de s'introduire par un moyen ordinaire dans la propriété qui en est entourée.

« Les modes de clôture ne sont pas les mêmes dans toute la France. Ils sont très nombreux et varient à l'infini suivant les localités. C'est pour ce motif qu'il a paru nécessaire de ne pas indiquer dans la loi un genre de clôture plutôt qu'un autre, et de se contenter d'une définition qui serve de règle aux tribunaux.

« L'art. 4 mérite une attention particulière, à cause des innovations graves qu'il introduit dans la législation, et des mesures efficaces qu'il prescrit pour prévenir et réprimer le braconnage.

« Sous la législation antérieure, quoique la chasse fût interdite pendant une partie de l'année, le commerce du gibier était permis en tout temps; les braconniers, trouvant toujours à se défaire du produit de leurs délits, exerçaient leur coupable industrie dans toutes les saisons. Le paragraphe 1er de l'art. 4 détruira cette industrie. Il défend la mise en vente, la vente, l'achat, le transport et le colportage du gibier dans chaque département, pendant le temps où la chasse n'y est pas permise. Ses termes sont impératifs, absolus. Ils s'appliquent au gibier vendu, acheté ou transporté, quelle qu'en soit l'origine.

«Celui qui usera du droit exceptionnel de chasser en temps prohibé sur son terrain, attenant à une habitation et entouré d'une clôture continue, n'aura pas, plus que tout autre, la faculté de vendre ou de transporter son gibier. On a pensé que lui accorder cette faculté, c'eût été donner à d'autres le moyen d'éluder la loi, c'eût été rendre illusoires toutes les prohibitions contenues dans l'art. 4.

« Il est inutile de faire observer que le gibier d'eau et les oiseaux de passage pourront être vendus et transportés pendant le temps où la chasse en sera permise par les arrêtés des préfets, lors même que la chasse, et conséquemment la vente et le transport du gibier ordinaire, seraient interdits.

« Le paragraphe 2 de l'art. 4, qui prescrit de saisir le gibier mis en vente, vendu, acheté, colporté ou transporté en temps prohibé, et de le livrer immédiatement à l'établissement de bienfaisance le plus voisin, a paru le complément nécessaire des dispositions du premier paragraphe de cet article.

« La saisie ne présentera ni difficultés ni inconvénients dans son exécution. La mise en vente, la vente, l'achat, le transport, le colportage du gibier pendant le temps où la chasse n'est pas permise, constituent toujours et nécessairement une infraction à la loi. L'excuse, même celle qui serait fondée sur la provenance légitime du gibier, ne sera jamais admissible.

« Le paragraphe 3 de l'art. 4 a limité les lieux où le gibier pourra être recherché, aux maisons des aubergistes, des marchands de comestibles, et aux lieux ouverts au public.

« Le droit de recherche, ainsi limité, a pu être accordé sans danger aux fonctionnaires chargés de constater les infractions à l'art. 4. En effet, le gibier qui sera découvert en temps prohibé, dans les auberges, chez les marchands de comestibles, dans les lieux ouverts au public, ne pourra jamais s'y trouver que par suite d'un délit.

« Le dernier paragraphe de l'art. 4, en défendant de prendre ou de détruire sur le terrain d'autrui des œufs et des couvées de faisans, de perdrix et de cailles, a voulu porter remède à l'un des abus les plus nuisibles à la reproduction du gibier. Il importe que son exécution soit surveillée avec soin.

« Les art. 3, 5, 6, 7 et 8 règlent tout ce qui concerne l'ouverture, la clôture de la chasse et la délivrance des permis. Les préfets, qui sont chargés spécialement de les exécuter, recevront à ce sujet des instructions particulières de M. le ministre de l'intérieur.

« L'art. 9 prohibe d'une manière formelle tous les genres de chasses, à l'exception de la chasse de jour à tir et à courre, et de la chasse au lapin à l'aide de furets et de bourses. Sans faire une nomenclature qui aurait été impossible, il embrasse dans sa prohibition générale l'emploi des panneaux et des filets, avec lesquels on détruisait des volées entières de perdreaux, l'usage meurtrier des lacets, des collets, et, en un mot, de tous les instruments de destruction permis par l'ancienne législation, qui ne profitaient qu'aux braconniers. Enfin, il interdit la plus dangereuse de toutes les chasses, la chasse de nuit, qui a été la cause de tant de meurtres et de crimes contre les personnes.

« Les dispositions prohibitives contenues dans les deux premiers paragraphes de l'art. 9 ont dû recevoir quelques exceptions, sans lesquelles elles auraient été beaucoup trop rigoureuses. Aussi le même article prescrit aux préfets de prendre des arrêtés pour déterminer, 1° l'époque de la chasse des oiseaux de passage, autres que la caille, et les modes et procédés de cette chasse ; 2° le temps pendant lequel il sera permis de chasser le gibier d'eau dans les marais, sur les étangs, fleuves et rivières.

Ainsi, les préfets pourront autoriser la chasse des oiseaux de passage avec les instruments, les procédés usités dans le pays, même avec ceux dont l'usage est prohibé pour la chasse du gibier ordinaire.

« La loi de 1790 donnait à tout propriétaire ou possesseur la faculté de chasser, en toute saison, sur ses lacs et étangs. La loi nouvelle ne lui permet cette chasse que pendant le temps qui sera déterminé par les préfets. Cette différence entre les deux législations ne vous aura pas échappé.

« L'art. 15 de la loi de 1790 accordait aux pro-

priétaires, possesseurs ou fermiers, le droit de repousser, même avec des armes à feu, les bêtes fauves
qui se répandraient dans leurs récoltes, et celui de
détruire le gibier dans leurs terres chargées de fruits,
en se servant de filets et engins. La loi nouvelle n'a
pas voulu leur enlever un droit de légitime défense,
commandé par l'intérêt de l'agriculture, et qu'il
ne faut pas confondre avec l'exercice de la chasse. Mais
elle l'a réglé, afin d'empêcher de s'en servir comme
d'un prétexte pour chasser dans toutes les saisons.
Tel est l'objet de l'un des paragraphes de l'art. 9.

« Les trois derniers paragraphes de cet article
donnent aux préfets la faculté de prendre des arrêtés, 1º pour prévenir la destruction des oiseaux;
2º pour autoriser l'emploi des chiens lévriers pour
la destruction des animaux malfaisants ou nuisibles;
3º pour interdire la chasse pendant les temps de
neige.

« Les mesures qui ont pour objet de prévenir la
destruction des oiseaux ne seront pas nécessaires dans
tous les départements; mais il en est plusieurs où
elles seront réclamées dans l'intérêt de l'agriculture, afin d'arrêter la reproduction toujours crois-
sante des insectes nuisibles aux fruits de la terre.

« La loi, en prohibant l'usage des filets, a déjà fait
beaucoup pour empêcher la destruction des oiseaux.
Mais cette interdiction peut n'être pas toujours suffisante. Les préfets sont autorisés à employer d'autres moyens. Ainsi, par exemple, ils pourront, s'ils
le jugent nécessaire, étendre aux œufs et couvées

d'oiseaux la défense que le dernier paragraphe de l'art. 9 n'a prononcée qu'à l'égard des œufs et couvées de faisans, de perdrix et de cailles.

« On aurait pu croire que l'emploi des chiens lévriers n'était pas compris dans les moyens de chasse prohibés. L'avant-dernier paragraphe de l'art. 9 lève toute équivoque à cet égard. Il est bien entendu que l'usage des lévriers est interdit s'il n'existe pas un arrêté du préfet qui l'autorise, et cet arrêté ne peut l'autoriser que pour la destruction des animaux malfaisants.

« La chasse, pendant les temps de neige, est tellement destructive, qu'il a paru utile de donner aux préfets le pouvoir de la défendre par des arrêtés.

La seconde section de la loi détermine les peines applicables aux diverses infractions qui y sont énumérées. Ces peines sont : l'amende dans tous les cas, l'emprisonnement facultatif dans des cas spécifiés, la confiscation des instruments du délit et la privation facultative, pendant cinq ans au plus, du droit d'obtenir un permis de chasse. Une disposition formelle défend de modifier les peines par l'application de l'art. 463 du Code pénal.

Tous les délits, à l'exception d'un seul, qui, à raison de son importance, est l'objet d'un article spécial, sont divisés en deux grandes catégories, dont chacune renferme les faits qui, par leur nature, se rapprochent plus les uns des autres, et ont paru susceptibles d'être soumis à la même pénalité.

Les infractions passibles d'une amende de 16 fr.

au moins et de 100 fr. au plus, sont rangées dans la première catégorie, et forment l'art. 11. Vous remarquerez que cet article ne prononce pas l'emprisonnement pour les délits qu'il prévoit. Cette peine ne leur deviendra applicable que dans le cas prévu par le dernier paragraphe de l'art. 14. Il faudra que le délinquant soit en récidive et n'ait pas satisfait à une condamnation précédemment encourue.

« L'art. 12 comprend la seconde catégorie des infractions qui ont paru mériter une peine plus sévère que les délits de la première classe. Ces infractions sont punies d'une amende obligatoire de 50 à 200 fr., et d'un emprisonnement facultatif de six jours à deux mois.

« Une seule disposition de cet article exige quelques explications. C'est le paragraphe relatif à ceux qui seront détenteurs et à ceux qui seront trouvés munis ou porteurs, hors de leurs domiciles, de filets, engins ou autres instruments de chasse prohibés.

« La loi sur la pêche fluviale ne punit que les individus trouvés munis ou porteurs, hors de leurs domiciles, de filets et engins prohibés. La loi sur la chasse va plus loin. Elle punit ceux qui en sont possesseurs et les détiennent dans leurs domiciles. Il a été reconnu qu'une demi-mesure serait insuffisante ; que les braconniers qui font usage de ces immenses filets, à l'aide desquels on détruit des compagnies entières de perdreaux, n'auraient jamais l'imprudence de se montrer porteurs, en plein jour, de ces instruments de délit, et que, pour atteindre sûre-

ment le but que l'on devait se proposer, il était nécessaire de rechercher les filets et les engins prohibés
jusque dans leurs domiciles. L'exécution de la disposition dont il s'agit ne peut faire craindre d'abus.
Les visites domiciliaires, pour constater la détention
des instruments de chasse prohibés, ne devront avoir
lieu, comme pour les délits ordinaires, que sur la
réquisition du ministère public et en vertu d'une ordonnance du juge d'instruction.

« Le délit de chasse commis sur un terrain attenant à une maison habitée et entouré d'une clôture
telle qu'elle est définie par l'art. 2, sort de la classe
ordinaire des infractions de ce genre. Lorsqu'il est
encore aggravé par la circonstance de la nuit, on
doit le punir d'autant plus sévèrement qu'il annonce
dans ses auteurs une audace qui ne reculera pas devant des actes de violence et même devant un meurtre. L'art. 13 prononce, à l'égard de ce délit, des
peines qui pourront être portées, suivant les circonstances, jusqu'à 1,000 fr. d'amende et à deux ans
d'emprisonnement.

« L'art. 16 a tracé les règles à suivre pour la confiscation des instruments de chasse, la destruction
de ceux de ces instruments qui sont prohibés, et ne
peuvent jamais servir que pour commettre des délits, et la représentation des armes, filets et engins
qui n'ont pu être saisis. Ses dispositions sont claires
et complètes. Je ne ferai, sur cet article, qu'une seule
observation. La peine de la confiscation qu'il prononce ne doit pas être une peine illusoire. Pour

qu'elle soit efficace, il faut que les armes et les instruments du délit qui seront déposés au greffe, par suite de la confiscation, ne soient pas des fusils hors de service, des instruments qui n'ont pas pu être employés à commettre le délit. Les agents chargés de verbaliser, en matière de chasse, devront être invités à désigner aussi exactement que possible les armes et les autres instruments dont les délinquants auront été trouvés porteurs, et vos substituts devront veiller à ce que les jugements qui auront ordonné la confiscation et le dépôt au greffe des objets décrits, soient strictement exécutés.

« L'examen des diverses pénalités portées dans la loi vous convaincra qu'elles sont graduées suivant le plus ou moins d'importance des faits auxquels elles s'appliquent. Les minimum ont été généralement fixés très bas, afin de laisser aux tribunaux une grande latitude, et de leur permettre de n'infliger qu'une peine légère à ceux qui commettront accidentellement des infractions sans gravité, et que les circonstances rendront excusables.

« D'après les art. 10 et 19, qui se lient l'un à l'autre, et que, par ce motif, je n'ai pas séparés dans les observations auxquelles ils donnent lieu, les gratifications qui seront accordées aux gardes et gendarmes rédacteurs des procès-verbaux, seront déterminées par des ordonnances royales et prélevées sur le produit des amendes. La loi a voulu assurer le paiement de ces gratifications en attribuant aux gardes et gendarmes un prélèvement sur le produit des amendes qui auront été prononcées par suite de leurs procès-verbaux. Des mesures seront prises pour que la loi reçoive sur ce point une prompte exécution. Une ordonnance, préparée par les soins de M. le ministre des finances, règlera la quotité des gratifications et les moyens d'en effectuer le paiement dans le plus bref délai possible,

« La troisième section de la loi, relative à la poursuite et au jugement, renferme deux articles que je recommande spécialement à votre attention.

« L'article 23 porte que les procès-verbaux des employés des contributions indirectes et des octrois feront foi jusqu'à la preuve contraire lorsque, dans la limite de leurs attributions respectives, ces agents rechercheront et constateront les délits prévus par le paragraphe 1er de l'art. 4, c'est-à-dire la mise en vente, la vente, l'achat, le colportage et le transport du gibier en temps prohibé. Les motifs de cette disposition sont évidents. Les infractions dont il s'agit ici ne pourront presque jamais être constatées par les gardes et les gendarmes, appelés, par la nature de leurs fonctions, à rechercher plutôt les délits de chasse proprement dits qui se commettent au milieu des champs ; mais les préposés des octrois, placés à l'entrée des villes pour surveiller les objets qu'on veut y introduire, les employés des contributions indirectes, obligés, par état, de visiter les auberges et les lieux ouverts au public, pourront, tout en remplissant leur mission, constater sans peine le transport et la vente illicites du gibier. Leur concours était nécessaire à l'exécution d'une partie importante de la loi. Telle est la cause du nouveau pouvoir qui leur a été conféré.

« Une remarque essentielle à faire sur l'art. 23, c'est que, d'après ses termes, les fonctionnaires qu'il désigne ne pourront verbaliser valablement qu'autant qu'ils agiront dans les limites de leurs attributions ordinaires. Ainsi, les employés des contributions indirectes, ne pouvant faire de visite chez les aubergistes qui se sont rachetés de l'exercice par un abonnement, n'auront pas de droit de s'y transporter pour y rechercher du gibier en temps prohibé:

« L'art. 26 contient une dérogation à l'ancienne législation d'après laquelle les faits de chasse sur le terrain d'autrui ne pouvaient pas être poursuivis d'office par le ministère public sans une plainte formelle du propriétaire. A l'avenir, ils pourront l'être dans deux cas, lorsque le délit aura été commis dans un terrain clos, suivant les termes de l'art. 2, et attenant à une maison d'habitation ou sur des terres non encore dépouillées de leurs fruits. Les faits de chasse sur le terrain d'autrui ne constituent un délit qu'autant qu'ils ont eu lieu sans le consentement du propriétaire ou de ses ayants droit. Les procureurs du Roi ne devront donc user de la nouvelle faculté qui leur est accordée qu'avec une sage réserve.

« La quatrième et dernière section, intitulée *Dispositions générales*, donne lieu à une seule observation. L'art. 30, en déclarant les dispositions de la loi sur l'exercice du droit de chasse non applicables aux propriétés de la couronne, ordonne que les délits commis sur ces propriétés seront poursuivis et punis conformément aux sections 2 et 3. Avant la loi, il fallait recourir à l'ordonnance de 1669 pour réprimer les délits de chasse commis dans les forêts de la couronne. Ces délits seront désormais soumis aux règles du droit commun. L'ordonnance de 1669 est abrogée.

Je termine ici les observations que j'avais à vous adresser sur quelques-unes des difficultés que l'interprétation de la nouvelle loi pourra présenter. La pratique fera sans doute naître beaucoup d'autres questions que je n'ai pas examinées. Je suis certain d'avance que, grâce à vos instructions et à la sagesse des tribunaux, ces questions recevront une solution conforme au vœu du législateur.

« L'efficacité de la loi dépend surtout de la manière dont elle sera exécutée par les fonctionnaires chargés de constater les délits. Le nombre de ces fonctionnaires est augmenté. Les gendarmes et les gardes seront secondés par de nouveaux et utiles auxiliaires. Si tous ces agents de l'autorité font leur devoir, le but sera atteint.

« Le zèle de vos substituts n'a pas besoin d'être stimulé. Je suis convaincu qu'ils ne négligeront rien pour assurer, en ce qui les concerne, la bonne exécution de la loi, et qu'ils donneront aux fonctionnaires placés sous leurs ordres qui doivent y concourir avec eux, une impulsion ferme et énergique.

« Je vous prie de m'accuser réception de la présente circulaire dont je vous envoie des exemplaires en nombre suffisant pour que vous puissiez en adresser un à chacun de ces magistrats.

Recevez, Monsieur le Procureur général, l'assurance de ma considération très distinguée.

Le Garde des sceaux, Ministre secrétaire d'Etat de la Justice et des Cultes,

N. MARTIN (DU NORD).

INTRODUCTION.

---

§ Ier.

La chasse a dû être le premier moyen d'acqué-
rir; avant même que les hommes eussent nettement conçu l'idée de la propriété, quand l'occupation seule constituait leurs droits, ils durent
surtout se montrer jaloux de celle qu'ils n'avaient
obtenue le plus souvent qu'à force de fatigues et
de périls, et comprendre la nécessité de la rendre
assurée, puisqu'elle ne pouvait demeurer précaire
sans que leur existence le fût aussi. A cette époque,
d'ailleurs, le droit de poursuivre cette occupation
ne reconnaissait pas de limites, et les solitudes communes s'étendaient également ouvertes à tous.

Le caractère que la chasse avait alors, elle n'a
jamais cessé de le conserver : partout et toujours le
chasseur a acquis le domaine de propriété du gibier tombé en son pouvoir; mais la faculté de
chasser ne demeura pas longtemps aussi complète,

elle a subi des restrictions nombreuses, selon les mœurs et selon les temps.

La plus ancienne et la plus grave vint la frapper aussitôt que la propriété eût été clairement comprise et définie, et quand les premières barrières s'élevèrent dans les champs partagés.

Ce nouvel état de choses ne modifiait en rien les droits du chasseur sur son gibier; la terre, en effet, put recevoir des maîtres, sans que pour cela les animaux dont elle était peuplée, cessassent de la parcourir librement; nul, avant d'avoir étendu la main sur eux, ne pouvait raisonnablement prétendre qu'ils fissent partie de son domaine, et ils continuèrent à devenir la propriété du premier occupant : mais le droit de les poursuivre dut s'arrêter devant les bornes plantées aux confins des héritages; les franchir, c'eût été violer les droits désormais sacrés de la propriété.

Cette restriction fut longtemps la seule, et la loi romaine n'en imposait pas d'autre : à ses yeux, tous les animaux sauvages étaient classés parmi ces choses qui, n'appartenant à personne, étaient susceptibles cependant de tomber dans la propriété privée : chacun avait le droit de s'en emparer ; que ce fût sur son héritage ou sur celui d'autrui, il importait peu ; par le seul fait de l'appréhension on les faisait siens. Le maître d'un champ avait bien le droit d'en interdire l'entrée, c'était une suite évidente de son droit de propriété ; mais si, après avoir pénétré dans ce champ au mépris de la défense, un chasseur y prenait une pièce de gibier, il en acquérait la propriété, et le propriétaire du fonds, qui ne l'est point des animaux sauvages, n'avait et ne pouvait avoir contre le chasseur qu'une action en dommages et intérêts.

Cette législation était en tout point dans le vrai; elle regardait avec raison le droit de chasse comme une dépendance et un démembrement de la propriété; et il est évident qu'en s'appuyant sur ce principe, elle pouvait, soit dans l'intérêt général, soit dans l'intérêt du droit lui-même, imposer légitimement à son exercice, toutes les restrictions nécessaires, pourvu que ces restrictions fussent générales.

Car c'est principalement ce caractère de privilége exclusif et jaloux jusqu'à la cruauté, qui dominant dans les lois sur la chasse, édictées en France avant 1789, contribua à les rendre odieuses, et fait que leur souvenir reste encore dans la mémoire, comme le symbole le plus complet de tout ce que les temps féodaux eurent d'inique et d'oppressif.

Rechercher l'origine de ces lois, leurs causes, leurs développements; dire à quelle époque et pourquoi le droit de chasser cessa d'appartenir à tous pour n'être dorénavant qu'à quelques-uns ; rappeler comment attaché plus tard, soit à la naissance de ceux qui en jouissaient, soit à la nature des terres sur lesquelles il s'exerçait, il finit par être l'apanage exclusif du souverain , et comment dès lors les sujets, de quelque condition qu'ils fussent, ne le possèsédèrent plus qu'à titre de concession précaire, ce serait toucher à toute l'histoire de la féodalité, et dépasser de beaucoup les bornes rapprochées et le but modeste qu'on se propose ici ; il doit suffire de rappeler quelles étaient en France, quand la nuit du 4 août 1789 vint emporter tous les priviléges, les principales ordonnances sur le fait des Chasses, et d'en examiner sommairement l'esprit et le but.

Vers le milieu du quatorzième siècle, la chasse en France était encore permise à tous, au moins sous certaines restrictions, c'est ce qui résulte d'une ancienne ordonnance, abrogée en janvier 1366, par un règlement de Charles VI. Elle est ainsi conçue :

Art. 1er. Personnes non nobles peuvent chasser partout, hors garennes à lièvres et conins, à levriers et chiens courants, ou à chiens, à oiseaux et à bâtons ; mais ils n'y peuvent tendre engins quelconques ni grosse bête s'ils n'ont titre.

Art. 3. Gentilshommes peuvent chasser à conins et lièvres à tous engins hors garennes ; et si garennes ont, ils peuvent en faire à leur volonté.

Art. 4. Gentilshommes peuvent chasser aux grosses bêtes en leurs garennes, et en celles de leurs voisins avec congé, et non ailleurs.

En 1366, une ordonnance de Charles VI vint rendre plus sensible le privilége dont la trace apparaissait déjà dans le règlement que nous venons de citer.

« Aucune personne *non noble* de notre royaume,
« dit cette ordonnance, s'il n'est à ce privilégié,
« ou s'il n'a aveu ou expresse commission à ce,
« de par personne qui la lui puisse donner, ou s'il
« n'est personne d'Église, ou s'il n'est bourgeois
« vivant de ses possessions et rentes, etc., se en-
« hardie de chasser, ne tendre grosses bêtes ni oi-
« seaux, ni d'avoir, pour ce faire, chiens, furets,
« cordes, etc. »

Ainsi, avant cette ordonnance, la chasse était permise à tous; le droit était moins étendu sans doute que sous l'empire de la législation romaine; la chasse dans les garennes, c'est-à-dire dans les héritages en défense, n'était pas permise aux roturiers; l'emploi des engins leur était interdit, ainsi que celui de certaines armes; ils ne pouvaient attaquer ni prendre de grosses bêtes, mais ce n'étaient encore là que des exceptions assez restreintes, apportées à l'exercice d'un droit que ne leur enlevait pas encore leur naissance : l'ordonnance de Charles VI modifia profondément cet état de chose, elle fait en effet peser une exclusion presque complète sur le roturier; s'il n'est expressément privilégié, si par son accession dans l'ordre du clergé, il ne participe pas à ses immunités, s'il n'est bourgeois vivant noblement, qu'il ne soit pas assez hardi pour oser chasser quelque part que ce soit, même sur sa terre; pour lui, le droit de propriété n'est plus entier.

Les bourgeois, cependant, vivant de leurs possessions et rentes, avaient encore trouvé grâce; ils étaient placés sur la même ligne que les gens d'Église, et on peut s'étonner, à propos de ces derniers, que les lois civiles leur reconnaissent par privilége un droit que depuis longtemps les canons de plusieurs conciles leur avaient défendu d'exercer : les ordonnances de François Ier vinrent renouveler les défenses, et les rendre plus générales, le préambule de l'ord. de 1515 est assez curieux. « Informés, dit le « prince, que plusieurs personnes n'ayant droit de « chasse, ni privilége de chasse, prennent bêtes rous- « ses et noires, comme lièvres, faisans, perdrix... En « quoi faisant perdent leur temps qu'ils devraient « employer à leur labourage, arts méchaniques ou « autres, selon l'état ou vacation dont ils sont; les- « quelles choses reviennent au grand détriment de la « chose publique... » A cette époque, on le voit, les droits de l'autorité, en matière de règlements d'administration, allaient loin; il importe que les laboureurs soient à leur charrue, les artisans à leur atelier, les marchands à leur boutique; la chasse est un exercice qui les en détourne, il faut la leur défendre, et elle leur est défendue, non-seulement dans l'intérêt général, mais dans leur intérêt particulier, que le législateur, plus prévoyant qu'eux-mêmes, protége avec la sollicitude qu'ils devraient avoir. Assurément, aujourd'hui, de pareils considérants sembleraient étranges, et la part si large que nos insitutions font à la liberté de chacun, paraîtrait à bon droit menacée, si les pouvoirs publics, sous pré-

texte de l'intérêt général et de l'intérêt particulier
bien entendus, se mettaient à veiller à ce que chacun,
sans en être distrait, vaquât sérieusement aux de-
voirs de son état ; mais il faut en convenir, cependant, cette sorte de tutelle, exercée jadis par l'autorité, et en vertu de laquelle elle pouvait réglementer des matières sorties maintenant de son
domaine, n'était pas sans avantages; il ne lui man-
quait, pour être un bienfait, que d'être toujours
exercée dans la réalité, comme elle ne l'était le plus
souvent qu'en apparence, dans des vues d'intérêt
général et de sagesse, et non pas dans des vues de
caprice et de privilége. Or, c'est malheureusement
ce qui arrivait presque toujours, et cette même ordonnance de 1515, comme conséquence du préambule que nous venons de citer, arrive dans son article 16, à défendre à tous sujets, *non nobles*, et
non ayant droit de chasse, d'avoir chiens, collets, etc., et à édicter les peines les plus sévères et
les moins proportionnées à la gravité du délit,
contre ceux qui oseront enfreindre ses dispositions.
Cet article 16 étendait encore le cercle des prohibitions, car quels étaient les sujets non nobles ayant
droit de chasse? Ce n'étaient plus comme au temps
de Charles VI, tous les bourgeois vivant de leurs
possessions et rentes, c'étaient ceux-là seulement
qui étaient propriétaires de fiefs, et auxquels le
droit de chasse appartenait alors malgré le vice de
leur naissance, à cause de la qualité de la terre pos-
sédée par eux ; de telle sorte qu'ils ne pouvaient

exercer ce droit exceptionnel que sur leur fief, et qu'au dehors l'incapacité résultant de leur naissance, reprenait toute sa force, et l'interdiction, toute son étendue.

Henri IV publia, à son tour, en 1601, sur le fait des chasses, une ordonnance dont les dispositions pénales sont empreintes d'une sévérité excessive; et enfin, le 13 août 1669, parut la célèbre ordonnance qui, entre autres matières, établit, dans son titre 30me, la législation sur la chasse, en formulant les dispositions qui furent suivies jusqu'en 1789.

Le principe de cette ordonnance, c'est que le droit de chasse n'appartient qu'au roi; c'est en vertu de sa souveraineté qu'il le possède; sa qualité lui permet de s'emparer, privativement à tous autres, des choses qui n'appartiennent à personne, telles que sont les animaux sauvages; les personnes nobles et celles qui ont le droit de chasse ne le tiennent que de sa permission, et il peut mettre à à cette permission telles restrictions et modifications que bon lui semble.

Voilà la règle sous laquelle doivent plier également nobles et roturiers; seulement le bon plaisir du souverain ne la fera pas peser sur tous indistinctement, et les gentilshommes, grâce à leur origine, en verront restreindre, à leur profit, l'application rigoureuse.

« Permettons, dit l'art. 14, à tous seigneurs, gentilshommes et nobles, de chasser noblement à force de chiens et oiseaux dans *leurs* forêts, buissons, garennes et plaines, pourvu qu'ils soient éloignés d'une lieue de nos plaisirs : même aux chevreuils et bêtes noires, dans la distance de trois lieues. »

Ainsi, les gentilshommes tiendront du roi la permission de chasser chez eux : quant aux personnes non nobles et roturières, voici comment s'explique à leur égard l'article 28.

« Faisons défense aux marchands, artisans, bourgeois et habitants des villes, bourgs, paroisses, villages et hameaux, paysans et roturiers, de quelqu'état et qualité qu'ils soient, non possédant fiefs, seigneuries et hautes justices, de chasser en quelque lieu, sorte, et manière, et sur quelque gibier de poil et de plume que ce puisse être, à peine de cent livres d'amende pour la première fois, du double pour la seconde, et pour la troisième, d'être attaché pendant trois heures au carcan du lieu de leur résidence, à jour du marché, et bannis pendant trois années du ressort de la maîtrise, sans que, pour quelque cause que ce soit, les juges puissent modérer la peine, *à peine d'interdiction.* »

Le législateur ne voulait pas, comme on le voit, que les juges, appitoyés, fussent tentés d'appliquer aux délinquants le bénéfice des circonstances atténuantes.

Tel est le résumé rapide du régime auquel la France a successivement été soumise en ce qui concerne la chasse, et il n'est pas sans intérêt de rechercher sous quelles influences il est né et s'est développé.

Quand les tribus germaniques, contre le choc desquelles la domination romaine succomba dans les Gaules, vinrent s'établir en deçà du Rhin, la chasse était un droit commun à tous, et, sous leur empire, au moins en apparence, il continua d'en être ainsi. Une loi faite au vi° siècle par les fils de Clovis, et qui contint quelques modifications à la faculté de chasser, ne la dénia à personne, et les lois ripuaires furent également muettes sur ce point. On conçoit d'ailleurs facilement pourquoi ; les conquérants probablement y avaient peu d'intérêt : les solitudes qui, au dire des historiens, remplissaient alors une grande partie du territoire et qui étaient dues, soit aux malheurs de la guerre, soit aux désastreux effets qu'au v° siècle, produisit le régime municipal dans les Gaules, s'étaient sans doute peuplées de gibier, à mesure que les habitants y devenaient plus rares, et l'abondance ne devait pas permettre l'inquiétude aux prévisions des plus hardis et des plus infatigables chasseurs; le droit, d'ailleurs, quoique la loi ne semblât pas le restreindre, n'appartenait pas à tous d'une manière absolue, tant s'en faut. Les Francs qui, en s'établissant sur la terre conquise, s'étaient partagés non pas seulement une partie du sol, mais encore les hommes qui le couvraient, chassaient seuls sur leurs vastes domaines, et il n'était pas besoin d'une loi pour interdire ce droit à des serfs qui n'en possé-

daient aucun. Pendant toute la période qui fut rem-
plie par le régime féodal pur et complet, il dut en
être ainsi ; il n'y avait partout, sauf dans quelques
cités où s'étaient conservés de faibles vestiges de
l'ancien régime municipal, il n'y avait que des
seigneurs et des serfs ; quand l'affranchissement de
ceux-ci commença et qu'ils arrivèrent à la liberté de
leurs personnes, ils n'acquirent pas en même temps,
cela est bien évident, l'entière et absolue propriété de
leurs biens. Ces hommes qui, la veille, ne pouvaient
pas disposer librement d'eux-mêmes, ne tinrent le
champ qu'ils cultivaient et qui les fit vivre, que de
leur seigneur auquel en appartenait le domaine, et
qui pouvait, en le leur concédant, imposer à sa concession telle condition qu'il lui plaisait.

La première de ces conditions, celle sans laquelle
aucune aliénation n'était jamais consentie, c'était la
réserve au profit du concédant, du domaine direct
et honorifique de l'héritage concédé, et, plus tard,
est venue de là la maxime si connue : nulle terre
sans seigneur. Or, comme le droit de chasse fut toujours considéré plutôt comme une dépendance du
domaine honorifique, que comme une dépendance
du domaine utile, il demeura entre les mains de la
noblesse, qui put ainsi voir dans le droit de propriété lui-même, l'origine d'un privilége qui le
violait si complétement.

Les rares exceptions apportées à l'incapacité absolue qui frappait ainsi le roturier, confirment ce que
nous venons de dire. Elles eurent lieu comme on

le sait, d'abord en faveur des bourgeois vivant de leurs possessions et rentes ; plus tard, en faveur des bourgeois propriétaires de fiefs seulement. La première fut tirée de la position même de ceux en faveur desquels elle fut établie, et de l'époque où on la voit constatée. Les bourgeois des XIIe, XIIIe et XIVe siècles, vivant de leurs possessions et biens dans les communes libres et armées de leurs franchises, n'étaient pas des personnages sans importance, et il était impossible de les assimiler à des paysans sortant des liens de la mainmorte ; là se trouve pour eux l'origine d'un droit qui ne put leur être plus tard contesté et finalement enlevé que par l'autorité royale, quand celle-ci, accrue aux dépens de toutes les autres, devint assez forte pour confisquer à son profit non pas seulement les priviléges des bourgeois, mais aussi ceux des seigneurs, et par s'attribuer à elle seule et par une incroyable fiction sur les terres de tout le royaume, ce domaine direct dont le droit de chasse était regardé comme une dépendance.

La seconde exception, celle qui permit aux bourgeois de chasser sur les fiefs et seigneuries dont ils étaient propriétaires, mais là seulement, a sa source dans la nature même de ces propriétés. Les fiefs furent dans l'origine des concessions de domaines, faites gratuitement, sans autres conditions imposées aux concessionnaires, que de rendre foi et hommage au concédant, et de l'assister dans le service militaire. Cette dernière obligation prouve que ces concessions ne pouvaient avoir lieu qu'au profit d'hom-

mes nobles ; l'inaptitude des roturiers à posséder
des fiefs, était une conséquence de leur incapacité à
porter les armes. Les serfs et les vassaux suivaient
bien leurs seigneurs au combat, mais ce n'était point
en vertu des obligations résultant pour eux d'un
contrat librement consenti, c'était par suite de l'empire absolu exercé sur eux par un maître. Pour des
nobles seuls, cette obligation pouvait être le résultat
d'une convention libre et réciproque. Cette concession, d'ailleurs, transférait au concessionnaire, et le
domaine utile, et le domaine honorifique de l'héritage concédé : les propriétaires de fiefs purent donc
chasser sur ces fiefs , et en vertu de leur droit de
naissance , et en vertu du titre de leur propriété ;
quand plus tard les liens et la hiérarchie du régime
féodal se relâchèrent et perdirent de leur rigueur et
de leur pureté primitive, les roturiers commencè-
rent à pouvoir posséder des fiefs, et le droit de chasser qui semblait alors attaché plus encore à la nature du domaine qu'à la qualité de la personne, leur
demeura par exception.

De tout ce qui précède, il résulte 1° que le droit de
chasse, en France, commença par être, comme à
Rome, une dépendance du droit de propriété, et par
appartenir à tous ; 2° que quand, par l'effet des lois féo-
dales, la propriété du sol tout entier eut été concen-
trée entre les mains de la noblesse, ce droit dut lui
appartenir exclusivement, et que cet état de choses
se prolongea longtemps après que les hommes non
nobles eurent commencé à être propriétaires, parce

qu'ils ne le devinrent dans l'origine que sous la réserve au profit des nobles, d'un certain domaine
dont le droit de chasse était une dépendance;
3º que si dans les derniers temps ce droit finit par
appartenir au roi seul, ce fut parce que l'autorité du
prince ayant à la longue étouffé toutes les autres,
s'attribua sur toutes les terres du royaume ce domaine souverain et direct. On voit donc que même
aux époques où le droit de chasse parut consacrer le
privilége le plus illogique et le plus arbitraire, et
sembla le plus profondément distinct du droit de
propriété, ce fut encore dans ce droit qu'il fallut en
chercher l'origine et la source.

Bien d'autres motifs sans doute rendirent la noblesse jalouse de ce droit, et firent qu'elle s'en attribua le privilége exclusif. Cet exercice a toujours été
un des plaisirs les plus vifs de l'homme, et il devait
surtout en être ainsi dans ces temps où, vivant isolés
au milieu de leurs domaines, les gentilshommes ne
pouvaient tromper les ennuis de l'oisiveté, ni par les
relations sociales, rares et difficiles, ni par les plaisirs de l'intelligence que leur ignorance ne leur permettait même pas de soupçonner. Habitués à passer
leur vie dans les hasards et les fatigues de la guerre,
ces hommes devaient chérir, par-dessus tout, la chasse,
qui leur en rappelait souvent les émotions et les dan-
gers, toujours le tumulte et l'agitation. Là, se ma-
niaient encore les armes; là, s'exerçaient les chevaux
de bataille, et les roturiers durent se voir sévèrement interdits des jeux qui d'une part auraient pu

les rendre plus dangereux pour leurs seigneurs, et de l'autre, dépeupler trop rapidement les forêts que ceux-ci réservaient à leurs plaisirs.

Terminons ce que nous avions à dire sur le droit de chasse en France, avant 1789, en faisant remarquer que s'il subit des restrictions et des modifications aussi profondes, le droit de propriété du chasseur sur sa proie resta toujours le même, et que dans ce temps où le roturier pris en délit pouvait être condamné suivant les circonstances, à l'amende, au fouet, au carcan, au bannissement, aux galères, à mort quelquefois, il n'en restait pas moins incommutable propriétaire du gibier qui lui coûtait si cher. Ce gibier pouvait être confisqué sur lui, mais c'était à titre de peine, et s'il en eût transmis à un tiers de bonne foi la propriété, celui-ci n'eut pu être inquiété. La loi anglaise est la seule qui ait été jusqu'à assimiler au vol l'appréhension du gibier sur le terrain d'autrui.

§ II.

Dans la mémorable séance que l'Assemblée constituante tint dans la nuit du 4 août 1789, quand, par acclamation, les députés de la noblesse renonçaient aux droits féodaux qui, depuis si longtemps, pesaient sur la nation soulevée, M. de Lubersac évêque de Chartres, présentant le droit exclusif de la chasse comme un fléau pour les campagnes, demanda l'abolition de ce droit et y renonça pour lui. Rien ne peut donner une idée plus juste de la pesanteur de ce fardeau, que l'expression de l'enthousiasme qu'excita cette motion, et dont le *Moniteur* rend compte ainsi :

« A ces mots, une multitude de voix s'élèvent : elles partent de Messieurs de la noblesse, et se réunissent pour consommer cette renonciation à l'heure même, sous la seule réserve de ne permettre l'usage de la chasse qu'aux seuls propriétaires, avec des mesures de prudence pour ne pas compromettre la sûreté publique. Tout le clergé se lève pour adhérer à la proposition ; il se forme un tel ensemble d'applaudissements et d'expressions de bienveillance, que la délibération reste suspendue pendant quelque temps. »

Un décret vint ratifier toutes les renonciations ainsi faites, et l'article 3 fut conçu en ces termes :

« Le droit exclusif de la chasse et des garennes ouvertes est pareillement aboli ; et tout propriétaire a le droit de détruire et de faire détruire, seulement sur sa possession, toute espèce de gibier, sauf à se conformer aux lois de police qui pourront être faites relativement à la sûreté publique. »

La nécessité de ces lois de police ne tarda pas à se faire sentir : l'Assemblée constituante, en restituant aux propriétaires, pleinement, sans limites, un droit depuis longtemps méconnu, en proclamant la liberté de la chasse, sans la restreindre au même moment par les lois que réclame la sûreté publique, avait commis une grande imprévoyance;

elle s'en aperçut bientôt elle-même, et le préambule de la loi du 30 avril 1790, déclare qu'il devient indispensable de mettre un terme aux désordres dont la chasse est devenue la source, désordres qui, s'ils étaient tolérés plus longtemps, pourraient devenir funestes aux récoltes, dont il est, dit le législateur, si instant d'assurer la conservation. Cette loi, d'ailleurs, dans la pensée de ses auteurs eux-mêmes, était tout à fait provisoire; son existence ne devait se prolonger que jusqu'au jour où l'ordre des travaux de l'Assemblée lui aurait permis de plus grands développements. Mais on sait pourquoi ce jour ne vint pas pour l'Assemblée constituante, et cette loi provisoire a régi pendant cinquante ans la matière, quoique assurément ses imperfections nombreuses, dues autant à la précipitation avec la quelle elle avait été votée, qu'aux circonstances au milieu desquelles elle avait paru, eussent dû depuis longtemps la faire remplacer par une législation plus efficace et plus complète.

Le principal défaut qu'on puisse reprocher à la loi du 30 avril 1790, c'est de n'avoir eu en vue qu'une partie des intérêts qu'elle aurait dû protéger. Il fallait que le respect dû à la propriété d'autrui, fût commandé sous des peines sévères ; il fallait que la conservation des récoltes fût efficacement garantie, que la sécurité publique fût assurée, et qu'il fût pourvu à la conservation du gibier. La loi de 1790 n'a songé qu'aux deux premiers de ces intérêts tous également légitimes, et encore elle ne les a que très incomplétement protégés. Dans son article premier, elle défendait formellement la chasse sur le terrain d'autrui sans le consentement du propriétaire, mais la pénalité de trente francs qu'elle imposait aux délinquants, était, comme l'a prouvé depuis longtemps l'expérience, tout à fait insuffisante, et par le fait, la sanction de cette interdiction n'existait pas. On peut en dire autant de la seconde disposition de cet article premier, qui, rédigé dans l'intérêt des récoltes et ayant pour but d'empêcher qu'on ne chassât depuis le mois d'avril jusqu'au mois de septembre, n'imposait qu'une amende de vingt francs aux violateurs de cette disposition : c'était encore là une pénalité tout à fait illusoire, et devant laquelle aucun braconnier ne s'est jamais arrêté. On comprend d'ailleurs parfaitement les motifs qui poussèrent l'Assemblée à cette indulgence : on était au lendemain d'une ère pendant laquelle les chasseurs avaient été soumis à des pénalités d'une sévérité parfois cruelle ; les habitants des campagnes, sur qui surtout avait porté cette sévérité, effrayés encore d'un joug tout récemment brisé, n'étaient que trop disposés à se venger par de funestes représailles, des grands propriétaires dont les priviléges avaient si longtemps pesé sur eux ; et il eût été dangereux peut-être qu'une loi sévère sur la chasse, sur cette matière odieuse, ne leur parût dictée par une féodalité nouvelle. Mais quand, plus tard, les années et les événements eurent démontré aux esprits les plus ombrageux et les plus prévenus, que les temps de privilége étaient à tout jamais passés, sans qu'il pût être donné à personne de les faire renaître ; quand il était reconnu par tous que les intérêts de la grande propriété et ceux de la petite étaient les mêmes, et réclamaient les mêmes garanties, il eût fallu faire appel à une sévérité nécessaire, elle n'aurait effrayé que les braconniers de profession, et ces gens sans aveu qui parcourant les campagnes sont une menace incessante contre la sûreté des personnes, et le respect dû aux propriétés.

Si la loi de 1790 n'avait que bien incomplétement protégé les deux seuls intérêts dont elle semble avoir été touchée, et s'il y avait nécessité réelle à la voir en ce point remplacée par des dispositions plus efficaces, que dire de la nécessité de pourvoir à ceux qu'elle avait tout à fait négligés ? Or, la sécurité publique était-elle garantie par une loi qui permettait la chasse à tous sans exception, et qui ne l'interdisait pas même à ces hommes que leurs habitudes d'oisiveté et de vagabondage, rendent à si bon droit suspects et dangereux ; pas même à ceux-là qui, frappés déjà de condamnations judiciaires pour vols, escroqueries, violences, étaient déchus tout à fait de leurs droits à la confiance publique ! Tous ces hommes pouvaient chasser : et quel motif, en effet, les eût retenus ?—La crainte d'être poursuivis d'office par le ministère public ; mais la poursuite d'office ne pouvait avoir lieu que pour les délits commis en temps prohibé : celle de l'être sur les plaintes des parties intéressées ; mais on sait que plus les délinquants étaient des hommes redoutables, à cause de leurs habitudes et de leurs antécédents, moins les intéressés étaient disposés à porter plainte, et c'étaient, par conséquent, ceux-là qu'il eût été le plus important de frapper, qui se voyaient presque toujours assurés de l'impunité.

Il est vrai que le décret du 4 mai 1812 avait apporté une restriction à cette liberté illimitée de chasser, donnée pour ainsi dire à tous, en décidant que les individus qui seraient trouvés chassant, et ne justifiant point d'un permis de port d'armes de chasse, délivré conformément à un premier décret du 11 juill. 1810, seraient punis par les tribunaux de police correctionnelle d'une amende variant, selon les cas, de 30 à 60 francs, et verraient en outre leurs armes confisquées.—Cette disposition aurait pu être efficace, si ce permis de port d'armes de chasse avait pu être refusé à certaines personnes; mais il n'en était rien, c'était une mesure purement fiscale, ayant pour but unique de faire percevoir au trésor une somme de 15 fr. par permis; il était assurément déplorable de voir un tel état de choses se maintenir, et de vivre dans une société organisée de telle sorte, que l'autorité publique ne pouvait dénier le droit de faire usage d'armes de chasse, à ceux la même qui, par leur conduite habituelle, avaient montré qu'ils étaient capables d'en abuser.

La sécurité publique réclamait donc des dispositions nouvelles, et elles n'étaient pas moins nécessaires pour que les diverses espèces de gibier qui vivent en France, ne disparussent pas complètement de son sol, et dans un avenir très prochain. Cet intérêt, non moins légitime que les autres, avait été plus complétement oublié, et les raisons que nous donnions plus haut pour expliquer l'indulgence de l'assemblée nationale en matière de délits de chasse, s'appliquent avec encore plus de force ici. Le gibier, en 1790, remplissait encore les] campagnes : les laboureurs l'avaient vu jusques-là dévaster impunément leurs champs sans qu'ils eussent le droit de s'en défendre, et de protéger leurs récoltes qui périssaient sans indemnité ; ce fléau, comme l'appelait M. l'évêque de Chartres, disparaissait à peine, il était impossible de songer alors que ce même gibier, jusques-là si maudit, pût avoir besoin un jour de protection. Mais, aujourd'hui, nous sommes bien loin de ces temps; le gibier a presque été complétement détruit dans nos campagnes, les restes en sont encore poursuivis et atteints chaque jour, non pas par les propriétaires du sol, non pas par les laboureurs, dont certes les récoltes n'ont guères à craindre maintenant des hôtes clairsemés, qui n'y trouvent plus qu'un refuge insuffisant, mais par des hommes que la paresse détourne de toute occupation honnête et utile, et qui n'ont plus de ressources que dans le braconnage, et la vie de maraudeurs. Etrangers presque toujours aux pays qu'ils dévastent, leur coupable et dangereuse industrie est menaçante pour tous, et tous sont intéressés à ce que la loi sévisse contre eux. La conservation du gibier, sous un autre point de vue, est encore un objet d'utilité générale, et ne touche pas seulement à des satisfactions d'intérêt privé. L'autorité publique, pour un autre motif encore, a le droit d'y veiller, et c'est pour elle un devoir. Le législateur, en promulgant en 1827 la loi sur la pêche fluviale, avait pris la défense d'intérêts analogues, et il avait cru qu'il importait à tous que nos fleuves et nos rivières ne fussent pas complétement dépeuplées; il avait pensé que les produits de la pêche constituaient une branche de la fortune publique, assez importante pour n'être pas dédaignée. La conservation du gibier est un intérêt du même ordre, et appelle la même sollicitude. Maintenant, que la rareté du gibier est extrême, il peut sembler dérisoire de vouloir faire de son produit les sources d'un revenu digne d'être pris en considération : on changerait promptement d'avis si l'on connaissait exactement le nombre des individus qui vivent du braconnage, et l'on serait indigné si l'on savait combien est élevée la somme prélevée chaque année par le vice et la fainéantise sur les propriétaires de nos campagnes.

Ce qui précède suffit pour faire comprendre tout ce qu'avait d'incomplet la loi de 1790, que nous n'avons pas d'ailleurs à analyser ici. Nous ajouterons que de toutes parts s'élevaient des réclamations pour qu'elle fût remplacée par une législation plus en harmonie avec les nécessités actuelles; les conseils généraux, effrayés des progrès du braconnage, sollicitaient impatiemment cette loi, les propriétaires, grands et petits, la réclamaient tous; ils reconnaissaient chaque jour combien ce qui existait était insuffisant dans la pratique, et les jurisconsultes eux-mêmes proclamaient cette même insuffisance dans la théorie. « Il est déplorable, disait M. Proudhon dans son *Traité du domaine de propriété*, il est déplorable pour celui qui veut se livrer à l'étude des règlements de la chasse, de se voir obligé de recueillir, comparer et consulter une foule de lois tant anciennes que nouvelles... Il nous manque sur cette matière, malgré les besoins de la société à cet égard, des lois ou règlements organiques. Faisons des vœux pour que le pouvoir législatif s'occupe enfin à nous donner ici un code complet, et au moins semblable à celui qu'il a décrété sur la pêche fluviale. »

Le gouvernement ne pouvait rester indifférent en présence d'un pareil état de choses; depuis longtemps son attention avait été appelée sur ce point : il connaissait la réalité du mal, son intensité, l'urgence d'y apporter un remède. Il ne fallait pas souffrir davantage que dans un pays comme le nôtre, où les lois de police générale sont si complètes et si efficaces, il se trouvât une matière touchant de si près à l'ordre public, qui ne fût réglementée que par d'insuffisantes dispositions.

Le ministre de la justice était placé mieux que tout autre pour savoir combien le braconnage est une dangereuse école, et les tableaux statistiques de la justice criminelle lui avaient pu donner une triste certitude à cet égard. Dans sa sollicitude éclairée, il résolut de tout faire pour le réprimer sérieusement, s'il n'était pas possible de le complétement détruire; et pour donner enfin au pays une loi nécessaire, il convoqua, dans le commencement de l'année 1843, une commission d'hommes versés dans la science de l'administration et dans celle des lois, pour élaborer sous ses auspices un projet qui fut ensuite soumis aux délibérations du conseil d'Etat. Après avoir subi cette première épreuve, ce projet fut, dans la session de 1843 présenté à la Chambre des pairs et adopté avec plusieurs amendements. Bientôt après il fut porté à la Chambre des députés, mais il ne put être discuté par la Chambre, qu'au commencement de la session de 1844. Certaines modifications qu'il subit dans le cours de cette discussion, rendirent nécessaire une nouvelle présentation et une discussion nouvelle à la Chambre des pairs, et puis une seconde fois il dut revenir à la Chambre des députés, où il fut définitivement adopté dans la séance du 18 avril 1844.

Comme on le voit par ce rapide exposé, peu de projets ont été plus consciencieusement élaborés, plus sérieusement et plus longuement discutés. Il a soulevé de vives et ardentes critiques, plus peut-être que n'aurait pu le faire supposer son but modeste et son titre, qui ne l'était pas moins; mais ces critiques mêmes, et les controverses animées, minutieuses auxquelles elles donnèrent naissance, eurent une réelle utilité. Elles ont eu pour effet d'introduire dans la loi des améliorations notables, et de donner à ses défenseurs des occasions nombreuses de bien en établir le but, la portée, de mettre en relief le sens et l'étendue de chacune de ses dispositions.

Le commentaire qui va suivre sera surtout le résumé de ces discussions; quelquefois aussi, quand la loi nous paraîtra présenter quelque obscurité, ce sera la recherche de son véritable sens et de sa pensée. Nous espérons, d'ailleurs, que les décisions auxquelles nous conduiront ces recherches, pourront mériter quelque confiance. Nous puisons cet espoir dans celle que nous inspire à nous-même le guide sous les yeux duquel notre travail s'est accompli.

CODE

DE LA

POLICE DE LA CHASSE.

La loi sur la police de la chasse renferme quatre sections : la première est destinée à réglementer l'exercice du droit de chasse; la seconde traite des peines applicables aux infractions; la troisième, de la poursuite et du jugement; la quatrième, enfin, renferme deux dispositions générales.

Sans nous occuper du mérite de cette classification, sans rechercher si, dans la division des matières, l'ordre logique a été régulièrement observé; s'il n'eut pas été préférable de placer, par exemple, la section relative aux poursuites avant la section relative aux peines, ainsi que l'ont pensé les auteurs du Code forestier, et ceux du Code de la pêche fluviale, nous suivrons scrupuleusement l'ordre tracé par la loi, examinant successivement chacun des articles qui la composent, puisque, avant tout, c'est un commentaire exact que nous entendons publier.

SECTION PREMIÈRE.

De l'Exercice du Droit de Chasse.

ARTICLE PREMIER.

Nul ne pourra chasser, sauf les exceptions ci-après, si la chasse n'est pas ouverte, et s'il ne lui a pas été délivré un permis de chasse par l'autorité compétente.

Nul n'aura la faculté de chasser sur la propriété d'autrui, sans le consentement du propriétaire ou de ses ayants droit.

La loi a dû être, et a été fidèle à son titre : elle ne devait point traiter, et ne traite pas du droit de chasse, véritable démembrement de la propriété. Elle laisse au droit civil et à la jurisprudence, en cette matière, le soin de régler les difficultés assez nombreuses que peuvent présenter et la nature et l'étendue de ce droit; elle l'accepte comme chose incontestée, et en réglemente l'exercice ainsi qu'il appartient au législateur de le faire dans l'intérêt de ce droit lui-même, pour le protéger plus efficacement contre les abus et les usurpations, et dans des vues d'intérêt général et de sécurité publique.

Nul ne pourra chasser. — Il importe de s'attacher d'abord à ces expressions qui se rapportent à l'exercice du droit, et de remarquer qu'elles diffèrent essentiellement des expressions analogues du second paragraphe :

Nul n'aura la faculté de chasser, expressions qui indiquent les limites naturelles du droit. — Dans le cas du premier paragraphe, le droit existe, l'usage seul en est interdit. Dans le cas du paragraphe second, c'est le droit qui manque, la faculté n'existe point. — — Cette rédaction, dont le mérite est d'exprimer nettement la distinction que nous indiquons, a été introduite dans la loi par la commission de la Chambre des Pairs. — Quand le droit existe, quand son exercice seul est soumis à des conditions imposées par le législateur, il est possible de concevoir des exceptions à ces conditions réglementaires : le législateur qui impose la condition peut en affranchir. Quand le droit, au contraire, n'existe pas, quand la faculté manque, l'exception est impossible puisqu'elle constituerait une usurpation. Voilà pourquoi, dans le premier paragraphe, la loi déclare que nul ne pourra chasser, *sauf les exceptions ultérieurement* déterminées : si la chasse n'est pas ouverte, et s'il ne lui a pas été délivré un permis de chasse par l'autorité compétente; tandis que le second paragraphe décide, ou plutôt proclame sans exception, que nul n'aura la faculté de chasser sur la propriété d'autrui, sans le consentement du propriétaire ou de ses ayants-droit.

Les deux premières conditions imposées par le législateur à l'exercice légitime du droit de chasse, sont : Que la chasse soit ouverte, et que le chasseur ait obtenu un permis de chasse de l'autorité compétente. — Relativement au principe de l'ouverture et de la clôture de la chasse, la loi nouvelle n'innove point, mais elle donne au temps prohibé une extension plus grande à certains égards, des limites plus restreintes sous un autre rapport, et elle en fait résulter, par voie de conséquence, des interdictions nouvelles, dont nous nous occuperons ultérieurement. — Ainsi, les art. 13 et 14 de la loi du 22-30 avril 1790, permettaient la chasse en tout temps dans les lacs et étangs, ainsi que dans les bois et forêts, sans chiens courants. Le législateur de 1844, justement préoccupé de la conservation du gibier s'est montré plus sévère : il repousse absolument l'exception relative aux bois et forêts, et il consacre la nécessité d'une ouverture spéciale pour la chasse des oiseaux de passage et du gibier d'eau. — Mais, d'un autre côté, dans une plus saine intelligence du droit de propriété, il supprime cette disposition de la loi de 1790, qui même, après l'ouverture de la chasse, maintenait et continuait le temps prohibé sur les terres non encore dépouillées, jusqu'après la dépouille entière des fruits. (Voy. art. 1ᵉʳ de la loi de 1790.) — A cet égard, quelques explications sont nécessaires : —La disposition de la loi nouvelle nous paraît sage : on ne comprenait pas, en effet, que le propriétaire des

fruits de la terre, celui qui avait le droit d'en user
comme d'en abuser, de les fouler aux pieds, de les
détruire, fût punissable d'une amende, parce que,
dans le temps où la chasse était permise, il avait
traversé avec un fusil sa propriété non encore dé-
pouillée de ses fruits. La conservation des fruits de
la terre touche assurément à l'intérêt public, mais
elle tient de si près aussi à l'intérêt privé, que le législateur fait sagement, en abandonnant à cet intérêt
le soin de la défendre contre ses propres entraîne-
ments. — Mais il faut s'entendre sur ce point. Pour
que le chasseur ait le droit de parcourir les terres
non dépouillées de leurs fruits, il ne faut pas seulement qu'il ait le droit de chasse, il ne suffit pas
même qu'il soit propriétaire du fonds, il faut qu'il
le soit des fruits ou qu'il ait obtenu le consentement de celui qui en est le propriétaire. Nous verrons même plus tard que le consentement, dans ce
cas, ne se présume point. Il est en effet certain, que
c'est par respect pour le droit de propriété, que la
loi nouvelle admet cette extension de l'exercice du
droit de chasse. Mais la propriété dont il s'agit ici,
c'est la propriété des fruits, puisque les fruits seuls
sont en péril par le fait de la chasse. — Ainsi, par
exemple, dans une terrre affermée, si le propriétaire du fonds ne s'est pas expressément réservé le
droit de chasse sur les terres non dépouillées, ou
s'il n'a pas obtenu le consentement du fermier, il
ne peut chasser légitimement que sur les terres entièrement dépouillées de leurs fruits. Après ces ex-

plications, il nous suffit de constater sur cet article, qu'il appartient aux préfets de déterminer par des arrêtés, publiés au moins dix jours à l'avance, l'époque de l'ouverture et celle de la clôture de la chasse dans chaque département, et que pendant ce temps où la chasse n'est pas ouverte, nul ne peut chasser même sur son terrain, sauf l'exception déterminée à l'art. 2, dont nous nous occuperons ultérieurement.

Cette interdiction est dictée par le double intérêt de la conservation des fruits de la terre et de la reproduction du gibier ; tous les documents législatifs sont d'accord sur ce point, et la preuve en même temps que les conséquences, s'en trouvent dans la loi même : nous les examinerons plus tard. La loi de 1790, dans sa disposition analogue à celle qui nous occupe, n'avait eu en vue, au contraire, que la protection due aux biens de la terre ; c'était en effet alors le seul intérêt qui parût engagé dans cette question, et cela explique pourquoi cette loi n'avait point appliqué l'interdiction aux bois, aux lacs, étangs et marais, et, comment aussi, après avoir posé le principe, elle n'en avait point tiré les conséquences naturelles.

Relativement à la seconde condition, celle du *permis de chasse*, il faut s'attacher d'abord à ces expressions, en reconnaître le caractère, en déterminer la portée. Ces mots : *permis de chasse*, ont donné lieu à quelques critiques, on s'est demandé si leur sens n'était pas trop large, s'il ne dépassait pas le droit de l'Etat en pareille matière ; permis de chasse ! mais, c'est au propriétaire de ce droit qu'il appartient de donner un tel permis ; comment exiger, au contraire, qu'il l'attende de l'Etat ? Une semblable formule, consacrée pour la première fois par nos lois nouvelles, ne semble-t-elle pas attribuer à l'État le monopole du droit de chasse, le constituer grand propriétaire, propriétaire exclusif de ce droit en France ? — Nous savons à merveille combien est puissant l'empire des mots dans le pays, mais grâces au ciel nos principes de droit politique et de droit civil sont assez solidement établis pour n'avoir rien à redouter de l'introduction dans la loi d'un mot quelconque : le permis de chasse, dans le sens de la loi qui nous occupe, c'est le permis de port d'armes généralisé. Écoutons sur ce point le rapporteur de la loi à la Chambre des pairs.

« Mais sous l'empire de la loi qui nous régit,
« l'ouverture de la chasse ne suffit pas pour rendre
« licite l'exercice de la chasse avec le fusil : la loi
« impose dans ce cas, au chasseur, l'obligation de
« justifier d'un permis de port d'armes, à toute
« réquisition des agents de l'autorité publique. Le
« projet qui vous est soumis généralise cette obli-
« gation, il la fait peser sur tous les chasseurs, de
« quelque façon et par quelque moyen qu'ils chas-
« sent. Cette innovation a paru aussi juste qu'utile
« à votre commission ; elle a pensé, en effet, que
« l'obligation de se pourvoir d'un permis délivré

« par l'autorité publique devait être imposée , non
« pas seulement à une classe de chasseurs, mais à
« tous ceux qui se livrent à l'exercice de la chasse;
« l'obtention du permis, dans l'état actuel de la lé-
« gislation , suppose le paiement préalable d'un
« droit fixé à 15 fr.; il n'est pas juste d'exiger le
« paiement de ce droit pour un mode particulier de
« chasse, et de ne le point exiger pour tous les au-
« tres moyens et procédés de chasse. Cette innova-
« tion sur le fond des choses en appelait une autre
« dans les termes du permis. Afin de rendre ce per-
« mis obligatoire pour tous les modes de chasse, il
« ne faut plus l'appeler permis de port d'armes ,
« puisqu'il y a un certain nombre de chasses qui se
« font sans armes. Le Gouvernement emploie l'ex-
« pression de permis de chasse, et votre commission
« a adopté cette expression : le projet de loi, d'ail-
« leurs, fait nettement comprendre que le permis
« de chasse n'est que le permis de port d'armes gé-
« néralisé; qu'il ne confère pas plus de droit à celui
« qui l'obtient, que n'en confère, aujourd'hui, le
« permis de port d'armes; qu'il ne donne pas le
« droit de chasse, mais qu'au contraire il le sup-
« pose; qu'il n'est, en un mot, qu'une condition
« attachée à l'exercice du droit, sous les réserves,
« d'ailleurs, indiquées dans la loi : »

Par là se trouvent déterminés et le sens et la
portée des mots : *permis de chasse*. Il en résulte
clairement que pour chasser, quel que soit le mode
ou le procédé qu'on emploie, et soit que l'on chasse

le gibier proprement dit, les oiseaux du pays ou les oiseaux de passage, la première condition est d'avoir obtenu un permis de chasse. Nous disons *d'avoir obtenu*, parce qu'en effet la loi n'exige point que le chasseur soit porteur du permis : elle diffère essentiellement, sous ce rapport, du décret du 4 mai 1812, décret aujourd'hui abrogé, dont la première disposition frappait d'amende quiconque était trouvé chassant et ne justifiant point d'un permis de port d'armes. Sans doute il est dans le vœu de la loi nouvelle que le chasseur justifie du permis de chasse à toutes réquisitions des agents de l'autorité publique, et par conséquent qu'il porte ce permis avec lui; mais les termes de la loi n'exigent impérativement que la délivrance préalable d'un permis par l'autorité compétente; ils n'autoriseraient donc plus à condamner celui qui, ayant obtenu ce permis antérieurement au fait de chasse, ne le représenterait toutefois qu'après le procès-verbal et les poursuites.

Nul n'aura la faculté de chasser sur la propriété d'autrui sans le consentement du propriétaire ou de ses ayants droit. Nous avons dit que la loi ne s'occupe point des questions de propriété que peut soulever le droit de chasse; ses dispositions doivent toujours être comprises sous l'influence de cette vérité. Toutefois, dans cet article, la loi rattache le droit de chasse à la propriété du fonds, parce qu'en effet cela est incontestable en doctrine, et qu'en quelques mains qu'il se trouve, soit qu'il appar-

tienne au propriétaire du fonds, soit qu'il appartienne au locataire, au fermier ou à l'usufruitier,
ce droit a son principe et son origine dans la propriété du fonds. Mais si l'on donnait à ces mots : *le
propriétaire ou ses ayants droit*, un sens trop restrictif, on n'entrerait pas dans la pensée vraie de la loi,
puisqu'il y a des cas où le droit de chasse n'appartient ni au propriétaire du fonds ni à ses ayants
droit, qui bien évidemment ne pourraient conférer alors à autrui le droit qu'ils n'ont pas euxmêmes. La formule de la loi, exacte en doctrine,
vraie aussi dans la pratique pour la plupart des cas,
doit être cependant entendue en ce sens, que le
consentement exigé est le consentement de celui
qui est possesseur du droit de chasse.

Mais que faut-il entendre par le mot *chasse* ? Où
est la limite qu'il faut assigner, sous ce point de vue,
aux trois interdictions posées dans l'art. 1er de la
loi? A cet égard le doute ne nous paraît pas possible ; la chasse c'est la poursuite de tous les animaux sauvages et des oiseaux, *feræ bestiæ et volucres*, tel est le sens que la loi nouvelle comme les
lois anciennes attachent au mot *chasse*. Il en résulte
que les deux conditions du § 1er de l'article et l'interdiction du § 2 ne s'appliquent pas seulement à la
poursuite du gibier proprement dit, mais à la
poursuite des bêtes sauvages et des oiseaux, de quelque espèce qu'ils soient. L'intention du législateur
est positive sur ce point ; il a voulu sans doute prévenir la destruction du gibier par des mesures plus

rigoureuses, et voilà pourquoi toutes les dispositions qui s'appliquent à la chasse en général ne lui ont pas paru suffisantes encore à l'égard du gibier proprement dit, et pourquoi, par suite, il a pris lui-même des mesures spéciales pour la conservation du gibier, s'en remettant aux préfets du soin de prévenir par l'emploi des mêmes mesures ou de mesures analogues, la destruction des oiseaux. Ainsi, dans la loi qui nous occupe, chaque fois que nous trouverons le mot *chasse* nous lui donnerons l'extension complète que la doctrine, la jurisprudence et les auteurs lui ont constamment reconnue; chaque fois, au contraire, que nous trouverons le mot *gibier* (1), nous l'entendrons dans le sens plus restreint que l'usage attribue à ce mot. Il résulte de cette distinction que les dispositions de l'art. 1er, par exemple, sont générales et s'appliquent à la recherche, à la poursuite de tout animal sauvage comme de tout oiseau. Nul n'aura donc la faculté de poursuivre un animal sauvage, même nuisible, sur le terrain d'autrui, pas plus que d'y prendre des oiseaux de quelque espèce qu'ils soient; nul ne pourra prendre des oiseaux, même sur son terrain, si la chasse n'est pas ouverte et s'il n'a obtenu un permis de chasse. A cet égard, quelques observations sont nécessaires : la loi a été faite en présence d'un grand nombre de réclamations des conseils généraux contre les abus de la chasse et la destruction des oiseaux : les intérêts

---

(1) Voir la note sur l'art. 4.

de l'agriculture étaient en souffrance, les fruits de
la terre dévorés par des insectes, les arbres rongés
par des chenilles. On demandait de toutes parts
que les oiseaux qui sont les véritables échenilleurs
fussent enfin protégés par la loi. Le Gouvernement
et les Chambres ont voulu donner satisfaction à ces
justes plaintes, à ces réclamations fondées; c'est
pour cela que la loi a réglementé la chasse en général, en a restreint étroitement les procédés, et l'a
soumise sans distinction aux conditions de l'ouverture et du permis. En ce qui concerne les oiseaux,
toutefois, elle a distingué avec soin ceux qui ne font
que passer dans notre pays et dont la chasse constitue dans certaines localités une industrie légitime,
et ceux qui appartiennent au pays même, dont les
besoins de l'agriculture réclament la conservation,
et dont la chasse n'est jamais qu'une cruauté sans
profit. A l'égard de ces oiseaux, ils sont protégés par
toutes les dispositions de la loi qui règlementent
l'exercice du droit de chasse : le législateur cependant n'a pas cru qu'il fût nécessaire d'étendre cette
protection aussi loin que pour le gibier; il n'a point
puni ceux qui, pendant le temps prohibé, mettraient
en vente, vendraient, achèteraient, transporteraient
ou colporteraient des oiseaux non compris dans cette
expression, *gibier*, et il n'a pas frappé de peines spéciales ceux qui prendraient ou détruiraient, sur le
terrain d'autrui, les œufs et couvées de ces espèces
d'oiseaux; il a pensé qu'il suffisait d'autoriser les
préfets à prendre des arrêtés pour suppléer ces in-

terdictions ou en établir d'analogues, et prévenir ainsi la destruction des oiseaux.

ART. 2.

Le propriétaire ou possesseur peut chasser ou faire chasser en tout temps, sans permis de chasse, dans ses possessions attenant à une habitation, et entourées d'une clôture continue faisant obstacle à toute communication avec les héritages voisins.

———

Après le principe général, posé dans l'article 1er, vient la plus grave et la plus importante des exceptions qu'il réserve ; pour en bien comprendre le sens et la portée, il faut examiner d'abord pourquoi elle a été introduite dans la loi. Deux motifs principaux ont déterminé le législateur ; 1° la nécessité de respecter l'intérieur du domicile ; 2° l'impossibilité de constater un fait de chasse, qui aurait eu lieu dans un terrain entouré d'une clôture continue, faisant obstacle à toute communication avec les héritages voisins. Ceci résulte et des exposés des motifs, et des explications contenues dans les rapports présentés, soit à la Chambre des pairs, soit à la Chambre des députés, et des discussions qui ont eu lieu dans le sein de ces deux assemblées. « Un motif qui suffirait seul à justifier l'exception, disait M. le garde des sceaux, en présentant la loi à la Chambre des pairs, le 17 avril 1843, c'est qu'en supposant que le propriétaire commît un délit en chassant sur ses possessions, situées et clôses de la manière prévue par l'article 2, il serait impossible de constater ce délit sans s'introduire, pour ainsi dire, dans son domicile. » M. le rapporteur, à la Chambre des pairs, s'exprimait ainsi, dans la séance du 16 mai 1843 : « Cette exception, à la règle du temps prohibé, se fonde sur plusieurs raisons décisives ; il suffit d'en indiquer une pour la justifier, c'est que la règle ne pouvait s'appliquer aux lieux clos, par l'impossibilité absolue de constater les infractions, sans une violation de domicile. »

« La loi, disait M. le rapporteur à la Chambre des députés, le 7 juin 1843, déclare que le propriétaire, sans être soumis à aucune condition, peut chasser dans des possessions réunies à son habitation ; c'est le respect du domicile. »

Enfin, M. Pascalis, membre de la commission de la Chambre des députés, dans la séance du 10 février 1844, s'exprimait en ces termes : « La loi a voulu accorder au propriétaire une immunité nécessaire, inévitable ; la clôture attenant à l'habitation, c'est la continuation du domicile ; notre projet de loi a donc voulu seulement, en ne permettant pas de venir rédiger des procès-verbaux contre le propriétaire qui aurait chassé dans son jardin, dans son enclos, maintenir en sa faveur le respect du domicile. » Plus loin, il ajoutait : « Il doit être permis au propriétaire de faire, en son domicile, ce qui lui plaît. Ceux qui auront des parcs, des enclos, attenant à leur habitation, pourront chasser en tout temps. Il reste sans doute un sujet de regret, c'est que le principe d'égalité devant la loi reçoive quelque atteinte, mais tolérer une inégalité aussi légère, n'est rien à côté du danger de violer le domicile sans de graves motifs ; c'est donc par respect pour le domicile, que nous avons permis aux propriétaires de chasser, en tout temps, dans leurs propriétés closes, attenant à une habitation. »

Voici donc qui est parfaitement clair ; la loi n'a pas voulu créer un privilége au profit de certaines personnes ; elle s'est arrêtée seulement et à regret devant une impossibilité matérielle et devant le respect du domicile ; partout où ces deux obstacles n'existeront pas, on rentrera dans le droit commun fixé par l'article 1er, et le bénéfice de l'exception ne pourra pas être invoqué.

Pour expliquer maintenant ce que l'article 2 entend par ces mots les *propriétaires ou possesseurs*, il suffit de rappeler ce qui a été dit à cet égard sur l'art. 1er. Le loi n'a pas eu pour objet de rechercher et de fixer l'origine et les caractères du droit de chasse ; elle se propose uniquement d'en régler l'exercice ; c'est cet exercice seul, qu'elle permet ou défend suivant les cas ; quant au droit, toujours elle le suppose. Ainsi, lorsque dans l'article 2 elle dit : Les propriétaires ou possesseurs pourront chasser ou faire chasser dans leurs possessions ; ces mots ne doivent pas s'entendre des propriétaires ou possesseurs du fonds, ils s'appliquent aux propriétaires ou possesseurs du droit de chasse, que cette possession soit ou ne soit pas séparée de la propriété ou de la possession du fonds : c'est comme si la loi disait : tous ceux auxquels appartiendra le droit de chasse, pourront exercer ce droit par eux-mêmes, ou le faire exercer par autrui, sur les possessions où il existera en leur faveur, pourvu que ces possessions attiennent à une habitation, etc.

A quelle condition donc aura-t-on la faculté de chasser sans permis de chasse, et en temps prohibé?

La faculté tiendra à la propriété du droit de chasse, non à la propriété du fonds, et la possibilité de son exercice, à ce que la possession sur laquelle ce droit existe, soit close dans les termes de l'article 2, et attenant une habitation.

Il résulte de là, 1° que le propriétaire ou possesseur du fonds ne pourrait pas plus qu'un autre chasser sur son propre terrain, attenant à son habitation, et clos conformément à l'article 2, si, à la propriété ou possession du terrain, ne venait pas se joindre la possession du droit de chasse; et, en effet, les deux exceptions de l'art. 2 se rapportent limitativement au temps prohibé et à la nécessité du permis de chasse; elles ne pouvaient s'appliquer à la violation du droit d'autrui, puis qu'ici c'est la faculté même qui manque.

Mais, dans ce cas extraordinaire, comment ce délit de chasse sur le terrain d'autrui pourra-t-il être constaté, si surtout, il n'y a d'autre accès sur le terrain clos, que celui qu'y donnera l'habitation du délinquant lui-même? Lui ou les siens pourront-ils, sous prétexte que leur domicile serait violé, s'opposer à ce que les agents de l'autorité en franchissent le seuil pour constater le délit sur le terrain même où il aura été commis? Pourront-ils soutenir que les faits de chasse qui se commettent sur ce terrain sont couverts par le bénéfice de l'exception, qui protège la continuation du domicile?

Nous ne le pensons pas : que permet en effet l'article 2? La chasse en temps prohibé, et sans permis de chasse, *sur la possession du chasseur* : Ce fait seul est licite, tout autre ne l'est pas et constitue par conséquent un délit; or, les délits peuvent être constatés partout où ils se commettent, et ce n'est pas violer le domicile d'un citoyen que d'y pénétrer avec les formes légales pour les rechercher et les atteindre. Le propriétaire du fonds, inculpé d'un délit de chasse sur le terrain d'autrui, ne pourra donc pas plus opposer l'exception tirée du respect dû au domicile, que s'il se fut rendu coupable de tout autre délit.

Cela devient plus sensible encore, si l'on songe à ce qui arriverait dans le cas où le délit au lieu d'être imputé au propriétaire du fonds, viendrait à l'être à des tiers. Si le possesseur du droit de chasse, mais de ce droit seulement, sur des terrains clos dans les termes de l'art. 2, apprenait que ce terrain a été envahi par des individus qui y chassent sans son consentement; n'est-il pas certain qu'en justifiant de son droit aux officiers de police auxiliaires, il pourrait les requérir de venir constater ce délit, que ceux-ci même devraient procéder d'office à cette constatation, si le fait de chasse avait eu lieu en temps prohibé, et que le propriétaire ou possesseur du fonds, de l'habitation, et des clôtures ne pourrait, sans se rendre complice du délit, s'opposer à ce qu'on pénétrât dans son domicile pour aller le constater : or, n'est-il pas également certain que ce qu'il ne pourrait faire en faveur des tiers sans se rendre leur complice, il ne pourrait le faire en sa propre faveur sans se rendre, si sa résistance se traduisait en actions, coupable de rébellion ?

2° Une autre conséquence directe de l'article que nous examinons, c'est que le possesseur du droit de chasse, à quelque titre que ce soit, pourra l'exercer en tout temps et sans permis de chasse, pourvu que ce soit sur des terrains clos dans les termes de l'article 2

Peut-être pourrait - on objecter qu'ici ne doit pas s'étendre le bénéfice de l'exception, que celle-ci n'a été introduite qu'à regret, et à cause de l'impossibilité de constater le fait de chasse sans violation de domicile, et que ce fait commis par celui qui ne posséderait que le droit de chasse, pourrait être constaté sans violation de domicile, puisqu'il dépendrait du propriétaire de l'habitation et du fonds d'y donner accès, s'il le voulait.

A cette objection il existe une réponse tout à fait péremptoire; c'est que la loi ne distingue pas, et qu'elle n'impose à la faculté de chasser en tous temps et sans permis qu'une condition, celle d'être exercée sur un terrain attenant à une habitation, et entourée d'une clôture continue faisant obstable à toute communication avec les héritages voisins : il en résulte donc que le possesseur du droit, pourvu qu'il ne l'exerce que dans les limites de cette condition, sera complètement à l'abri.

Il faut maintenant bien fixer la nature de la relation que la loi a rendue nécessaire entre la possession et l'habitation par ce mot *attenant*. Cela veut-il dire seulement que la possession et l'habitation devront être réunies dans la même enceinte, faire partie du même clos, appartenir au moins en apparence à un même tout, séparé complétement lui-même des héritages voisins. Evidemment non ; il faut de plus que le terrain et l'habitation soient dans la même main, car à cette condition seulement le terrain peut être regardé comme une continuation du domicile. Supposez en effet un terrain clos, dans les termes de l'art. 2, joignant sans aucune séparation ni limite à une habitation qui y serait enclavée, supposez d'ailleurs que l'habitation et le terrain appartiennent à deux propriétaires différents ; aucun des deux ne pourra revendiquer le bénéfice de l'exception créée par la loi ni en jouir. Le propriétaire de l'habitation n'y aura aucun droit, cela va de soi, puisqu'il ne sera ni propriétaire ni possesseur du terrain, et le propriétaire ou possesseur du terrain n'y aura aucun droit non plus, parce que, dans ce cas, les deux propriétés ne seront réunies qu'en apparence, mais elles n'en formeront pas moins deux choses distinctes, dont aucune ne sera la continuation de l'autre. Pour bien comprendre le sens de ce mot *attenant,* il faut se rappeler que dans l'origine le mot *dépendant,* avait été placé dans l'article; un pair, M. Rossi, fit remarquer que souvent les dépendances d'une habitation ne lui étaient pas réunies, et le mot attenant remplaça le mot dépendant, mais il est évident qu'il renferme l'idée de dépendance que la première rédaction avait voulu établir entre l'habitation et les possessions. Dans le cas qui nous occupe d'ailleurs il est certain que si le propriétaire ou possesseur de l'habitation devenait possesseur du droit de chasse, ou réciproquement, quand bien même à cette possession ne se joindrait pas celle du terrain, la relation de dépendance serait établie et l'exception de l'art. 2 applicable.

On peut se demander quel sens la loi a voulu donner au mot habitation? Il ne suffit pas, on le comprend, pour que la chasse soit permise en tous temps et sans permis, qu'elle ait lieu dans un terrain clos et attenant à une construction quelconque. La loi qui n'a permis qu'à regret cette exception à la règle générale, et qui ne l'a permise que pour assurer au domicile privé le respect qui lui est dû, la loi entend par ce mot *habitation,* une construction pouvant en effet servir de domicile; un magasin, un pressoir, une cabane destinée à serrer des outils, un cellier, une écurie ne constitueraient pas une *habitation* il ne faudrait pas même appliquer ce nom à un édifice destiné à recevoir et à abriter momentanément le chasseur, sans pouvoir cependant lui servir de demeure ; par cette expression, en un mot, on doit entendre seulement une construction propre à servir de domicile : c'est le sens naturel du mot habitation.

Il n'est pas nécessaire d'ailleurs qu'elle serve actuellement de domicile et qu'elle soit réellement habitée ; le propriétaire de plusieurs maisons attenant à des possessions closes dans les termes de l'article 2, pourrait sans contredit exercer, soit par lui, soit par d'autres, la faculté de chasser en tout temps et sans permis dans toutes ces possessions ; il suffirait pour cela que chacune de ces maisons pût être habitée. Nous ne pensons pas d'ailleurs que des ruines d'édifices, jadis destinés à l'habitation, pussent être considérées comme comprises dans le sens de l'art. 2, si elles ne formaient plus que des débris, quand bien même ceux-ci pourraient servir encore d'asile provisoire et momentané.

Il faut que l'habitation soit entourée d'une clôture, et ici se soulève cette question : qu'est-ce qu'une clôture? Une haie, un fossé, une rivière, sont-ils des clôtures? Pour répondre à ces questions il faut encore se reporter à l'intention de la loi, et se rappeler que si elle n'a pas interdit la faculté de chasser d'une manière générale et complète, elle ne la tolère que dans les cas où elle serait dans l'impossibilité absolue d'en constater l'exercice. La clôture dont elle parle est donc une clôture telle qu'on ne puisse, à travers l'obstacle qu'elle oppose, constater le fait de chasse qui se passerait dans son en-

ceinte. Sous ce premier point de vue, on s'aperçoit
tout d'abord qu'un fossé, quelque profond et quelque large qu'il soit, n'est pas une clôture ; un ruis-
seau n'est pas une clôture, une haie sèche ou vive,
un mur même qui ne s'élèverait qu'à hauteur d'appui ; tout obstacle, en un mot, qui ne serait pas tel
qu'il s'opposât, non pas seulement à ce que les pas
des agents chargés de constater les délits de chasse,
mais encore leurs regards pussent se porter sur l'intérieur qu'il protége, ne serait pas une clôture dans
le sens qu'attache à ce mot l'art. 2, puisqu'il n'en
résulterait pas une impossibilité absolue de constater un délit. Un mur, au contraire, ou une haie
assez élevée pour arrêter même le regard, pourvu
d'ailleurs qu'ils remplissent toutes les autres conditions, seraient des clôtures comme celles que la
loi exige.

Il faut de plus que cette clôture soit continue,
c'est en effet à cette seule condition qu'existera
l'impossibilité de constater le fait de chasse. Un mur
qui aurait une interruption soit accidentelle, soit
rendue nécessaire par le passage d'un chemin, ne
serait pas une clôture suffisante, quand bien même
sur ce chemin s'étendrait une barrière qui pourrait
être franchie sans escalade. L'interruption accidentelle causée par la chute d'un pan de mur par exemple, suffirait aussi pour que la clôture ne fût plus
continue. Il faudrait toutefois que cette brèche fût
assez considérable pour qu'il fût possible de la franchir sans avoir besoin de recourir à l'escalade, ou

tout au moins pour permettre aux regards de s'étendre sur le terrain clos. Il faut enfin, quec ette clôture fasse obstacle à toute communication avec les héritages voisins; — Ainsi, une haie vive ou sèche, quelque continue, quelque élevée qu'elle fût, ne serait pas une clôture si elle pouvait être franchie sans escalade ou sans effraction, si elle n'était pas assez épaisse, assez impénétrable pour s'opposer absolument à *toute communication*. Remarquez d'ailleurs, que par ce mot *toute communication* la loi n'entend pas seulement celle qui serait pratiquée par le fait de l'homme, mais celle également qui pourrait être pratiquée par les animaux. Ainsi, supposez un héritage séparé de l'héritage voisin par une haie assez élevée et assez touffue pour que le regard ne puisse pénétrer au delà, assez épaisse pour qu'un homme ne puisse la franchir sans la dégrader, et commettre une effraction véritable, mais pas assez cependant pour qu'un chien et la pièce de gibier qu'il poursuivrait ne puissent la franchir; évidemment, cette clôture ne remplirait pas le vœu de la loi puisqu'elle permettrait au chien d'aller lever sur l'héritage voisin une pièce de gibier, et de la ramener sur l'héritage du chasseur, puisqu'en un mot elle permettrait au chasseur de chasser sans permis et en temps prohibé, en dehors de ses possessions closes dans les termes de l'art. 2.

En résumé, tout ce que nous avons à dire sur cet article se réduit à ceci :

1° Comme l'art. 1er il s'applique aux possesseurs du droit de chasse, et à eux seuls ;

2o Il leur reconnaît une faculté exceptionnelle, à regret, et parce qu'il est impossible de la leur enlever ;

3° Cette faculté doit être restreinte dans les limites les plus rigoureuses, et s'arrêter là ou s'arrête la cause dans laquelle elle puise son origine ;

4° Cette cause, c'est l'impossibilité devant laquelle la loi s'arrête de constater le fait qui se passe dans le domicile inviolable du citoyen ;

5° L'impossibilité cesse avec l'impénétrabilité du domicile, l'exception doit cesser en même temps ;

6° La loi ne pouvait donner l'énumération des clôtures, qui rendent le domicile impénétrable dans le sens qu'elle attache à cette impénétrabilité ; elle ne pouvait qu'en énoncer les caractères, elle l'a fait complètement, clairement ; c'est aux tribunaux qu'il appartiendra de décider si les clôtures, à l'abri desquelles on voudra exercer la faculté reconnue par l'art. 2, réuniront tous ces caractères, c'est-à-dire si elles ne pourront être en aucun point franchies, ni par les pas, ni par le regard, et si elles seront impénétrables non-seulement pour l'homme, mais pour les animaux à l'aide desquels il exerce la faculté de chasser. La première commission, qui prépara le projet de loi, au lieu de ces mots, clôture continue, etc., avait mis le mot *mur* : il fut retranché, parce qu'en effet il est certaines haies qui, par leur élévation, leur impénétrabilité, leur épaisseur, sont de véritables murs de bois, mais en donnant à ce mot de mur une extension qu'il n'a pas ordinairement, nous croyons que ce mot est le seul qui puisse donner une idée exacte de la clôture exigée par l'art. 2.

ART. 3.

Les préfets détermineront par des arrêtés publiés au moins dix jours à l'avance, l'époque de l'ouverture, et celle de la clôture de la chasse dans chaque département.

———

La loi de 1790 avait donné aux administrations de département le droit de fixer chaque année, par des arrêtés, l'époque de l'ouverture de la chasse, et l'époque de sa clôture.

C'est aux préfets qui ont succédé aux administrations de département, que cette attribution fut ensuite dévolue, et la loi nouvelle la leur laisse. Eux seuls en effet sont bien placés pour prendre en temps utile une mesure pareille, qui doit varier pour les divers points du royaume, selon la température, la nature du sol, et celle des produits; qui peut changer d'une année à l'autre dans un même département, selon le plus ou moins de rigueur des saisons, selon que l'exige l'intérêt de la récolte auquel elle doit être subordonnée.

Les arrêtés devront être publiés dix jours à l'avance. Un député avait proposé de modifier cette disposition, et d'appliquer seulement à l'arrêté de clôture l'obligation d'être prise dix jours à l'avance. Il est important, disait M. Genoux, l'auteur de l'amendement, que les citoyens soient avertis à l'avance, du jour où cessera d'être licite le fait qui actuellement est permis, il ne faut pas qu'ils soient pris au dépourvu, et qu'un arrêté subit fasse aujourd'hui un délit, de ce qui n'en était pas un hier; mais ces considérations n'existent pas en ce qui touche les arrêtés d'ouverture, et il peut y avoir même un inconvénient à ce que ceux-ci soient pris dix jours à l'avance, puisqu'il sera impossible de savoir alors, d'une manière certaine, le moment où l'enlèvement des récoltes permettra l'entrée de la campagne aux chasseurs.

Malgré ces observations, la disposition primitive a prévalu; on comprend, en effet, que quand bien même un retard dans la moisson, causé par un changement de température, serait venu déranger quelque peu les prévisions du préfet, ce ne pourrait pas être d'une manière assez notable pour qu'il y eût vraiment intérêt général à ce que l'ouverture fût retardée, et d'ailleurs il en résulterait seulement que les chasseurs, autres que les propriétaires des récoltes, seraient dans la nécessité de respecter quelques champs de plus.

Le préfet, au surplus, pourrait toujours révoquer son premier arrêté, et le second, celui de révocation, serait immédiatement obligatoire, s'il paraissait, toutefois, avant que le premier ne le fût devenu ; car, s'il ne paraissait que quand l'ouverture aurait eu lieu, il serait un véritable arrêté de clôture, et ne serait, par conséquent, obligatoire que dix jours après sa publication.

ART. 4.

Dans chaque département il est interdit de mettre en vente, de vendre, d'acheter, de transporter et de colporter du gibier (1) pendant le temps où la chasse n'y est pas permise.

---

(1) Il nous serait difficile de donner ici la nomenclature complète du gibier, nous devons toutefois signaler parmi les quadrupèdes : le cerf, le sanglier, le daim, le chevreuil, le chamois, le lièvre, le lapin. Parmi les oiseaux, la liste serait infiniment plus longue et plus difficile à faire; nous nous contenterons d'indiquer les ordres et quelques espèces particulières dans les principaux genres.

Dans l'ordre des insectivores, genre merle. Ce genre tout entier nous paraît compris dans l'expression gibier. Il importe de remarquer qu'à l'exception du merle noir, qui est sédentaire, toutes les espèces connues sous le nom vulgaire de grives, sont de passage; ainsi, le merle draine, le merle litorne, le merle grive, le merle mauvis.

Dans l'ordre des pigeons, toutes les espèces sauvages rentrent dans cette expression gibier, mais sont de passage; ainsi, la colombe ramier, la colombe colombin, la colombe tourterelle.

Dans l'ordre des gallinacés, toutes les espèces sont comprises dans l'expression gibier; ainsi, le faisan, les tétras, connus sous les noms de coqs de bruyères et de gelinottes, les gangas, les perdrix, la caille, etc.

Dans l'ordre des coureurs, tout est gibier, comme les outardes,

En cas d'infraction à cette disposition, le gibier sera saisi, et immédiatement livré à l'établissement de bienfaisance le plus voisin, en vertu soit d'une ordonnance du juge de paix, si la saisie a eu lieu au chef-lieu de canton, soit d'une autorisation du maire, si le juge de paix est absent, ou si la saisie a été faite dans une commune autre que celle du chef-lieu. Cette ordonnance ou cette autorisation sera délivrée sur la requête des agents ou gardes qui auront opéré la saisie, et sur la présentation du procès-verbal régulièrement dressé.

La recherche du gibier ne pourra être faite à domicile que chez les aubergistes, chez les marchands de comestibles et dans les lieux ouverts au public.

Il est interdit de prendre ou de détruire, sur le terrain d'autrui, des œufs et des couvées de faisans, de perdrix et de cailles.

Les dispositions de l'art. 4 sont les conséquences logiques du principe posé dans l'art. 1ᵉʳ de la loi; l'in-

---

dans l'ordre des gralles, tout est gibier, presque tout de passage ; ainsi, l'œdicnème, l'échasse, le pluvier, le vanneau, la grue, la cigogne, le héron, les courlis, les bécasseaux, les chevaliers et barges, la bécasse, les bécassines, les rales et poules d'eau.

Les pinnatipèdes, comme les foulques et grèbes, et les palmipèdes, tels que les oies, les canards, les cormorans, constituent le gibier d'eau.

terdiction de la chasse pendant un temps déterminé emportait nécessairement les interdictions mentionnées dans le paragraphe 1er de l'art. 4, alors surtout que le temps prohibé avait tout à la fois pour motif la conservation du gibier et des récoltes ; il ne suffisait pas en effet d'interdire la chasse et de sanctionner cette interdiction par une pénalité, il fallait tirer la conséquence du principe posé et prohiber la mise en vente, la vente, l'achat, le colportage et le transport, si l'on voulait atteindre sûrement les dévastations du braconnage à l'époque où elles sont le plus redoutables. Aussi le rapporteur de la loi disait-il à la Chambre des pairs : « A nos yeux cette « interdiction n'est pas seulement la conséquence « logique de la prohibition de la chasse, elle est la « seule mesure qui puisse assurer l'exécution de la « loi, et donner au temps prohibé le caractère d'un « fait et d'une réalité ; les pénalités quelque sévères « qu'elles puissent être, ne supprimeront pas le bra« connage ; le défaut d'intérêt peut seul l'atteindre. » Cette même pensée était reproduite à la Chambre des députés ; le rapporteur disait : « Lorsque la clô« ture de la chasse est prononcée, le fait de chasse « est un délit, et la loi punit ce délit ; mais la me« nace de la loi ne deviendra efficace que le jour où « l'intérêt de la violer n'existera plus. Le projet de « loi l'a compris ainsi. » Toutefois, si l'interdiction de la vente, de la mise en vente ou du colportage a été acceptée sans difficultés, il n'en a pas été de même en ce qui concerne la prohibition de l'achat

et du transport. On argumentait, contre la défense
et la punition de l'achat, des précédents législatifs;
on remarquait que l'exposition, la mise en vente,
la vente et le colportage de certains écrits, de certaines gravures étaient prohibés, que la loi punissait ceux qui contrevenaient à ces prohibitions,
mais qu'elle laissait l'acheteur en dehors; que le
Code de la pêche fluviale interdisait le colportage
et le débit des poissons qui n'avaient pas les dimen-
sions déterminées par les ordonnances, qu'il punissait le colporteur et le débitant, mais qu'il n'at-
teignait pas l'acheteur; on ajoutait : l'innovation
proposée serait dangereuse parce qu'elle autoriserait des perquisitions dans les domiciles privés. Ces
raisons n'ont point prévalu, et l'achat a été puni
comme la vente même; on a considéré que si le
vendeur était seul puni, le désir du gain pourrait
l'entraîner à braver la peine : qu'il fallait contre le
marchand et le colporteur les mêmes garanties que
contre le braconnier, et que pour arriver à un résultat il était nécessaire d'empêcher la vente par la
punition de l'achat, comme on supprimait le braconnage par la prohibition de la vente.

Mais la question du transport a été plus longuement et plus vivement débattue; on ne contestait
pas sans doute l'utilité ou plutôt l'efficacité pratique
de cette interdiction, on lui reprochait au contraire
de dépasser le but pour mieux l'atteindre; on sou-
tenait en outre qu'elle était en contradiction avec
le principe posé dans l'art. 2 de la loi. Le rappor-

teur à la Chambre des pairs répondait en ces termes
à cette objection :

« En déclarant, dans l'article 2 du projet de loi,
« que le propriétaire ou possesseur peut chasser
« ou faire chasser en tout temps, sans permis de
« chasse, dans ses possessions attenant à une habi-
« tation, et entourées d'une clôture continue, fai-
« sant obstacle à toute communication avec les hé-
« ritages voisins, le Gouvernement et les Chambres
« n'ont assurément pas voulu conférer un privilége
« aux propriétaires de parcs. Les propriétés closes
« ne sont pas d'une autre nature que les propriétés
« dont l'accès est ouvert ; il n'y a pas en France
« deux sortes de propriétés privées dont les unes
« puissent avoir des prérogatives, des faveurs, des
« priviléges, en un mot, qui n'appartiendraient point
« aux autres. Aussi, Messieurs, l'article 2 du projet
« de loi ne fait-il que reconnaître et constater un
« fait, sans créer un droit ; il place, si l'on veut,
« l'exception à côté de la règle, mais à condition
« que cette exception sera renfermée dans ses ter-
« mes, et non étendue au delà. Son but est de ne
« point permettre des recherches, des investiga-
« tions qui seraient toujours vexatoires, et souvent
« illicites. C'est la continuation du domicile, ou plu-
« tôt c'est le domicile lui-même, qui est protégé par
« ses dispositions. Voilà pourquoi il ne s'appli-
« que qu'aux propriétés attenant à une habita-
« tion, et entourées d'une clôture continue faisant
« obstacle à toute communication avec les héri-

« tages voisins. Il y a là une sorte de huis clos im-
« pénétrable, dont, en matière de chasse, la loi
« pouvait concéder le bénéfice au propriétaire, mais
« rien de plus. On ne peut donc être admis à ré-
« clamer la faculté du transport comme consé-
« quence d'un droit qui n'est point reconnu, d'un
« privilége qui n'est point consacré par la loi; mais
« d'une exception commandée par la force des cho-
« ses, et par la nécessité d'assurer à la répression un
« caractère de modération et de prudence, de dis-
« crétion et de réserve. Ainsi, on peut sans doute
« chasser dans les conditions de l'article 2 du projet
« de loi, parce qu'en réalité on est alors dans son
« domicile, et qu'en toutes matières qui n'intéres-
« sent point directement l'ordre public, le domicile
« est inviolable ; mais lorsqu'on quitte le terrain
« clos, lorsqu'on sort de l'habitation, c'est-à-dire
« lorsqu'on sort de l'exception, on est placé sous
« l'empire de la règle générale, sous le coup de l'in-
« terdiction absolue. Qu'on le remarque bien,
« d'ailleurs, il s'agit là d'un autre délit que du dé-
« lit de chasse ; le nantissement du gibier ne sera
« donc pas dans ce cas considéré comme une preuve
« du fait de chasse, mais comme un délit propre,
« comme une contravention *sui generis*, punissa-
« ble sans doute, mais non par la même disposi-
« tion de la loi. Cela suffirait pour faire tomber le
« reproche immérité de contradiction, car on ne
« peut assurément prétendre que l'exception posée
« dans l'article 2, soit de telle nature qu'elle doive

« effacer et détruire toutes les autres interdictions
« que la loi fait résulter du temps prohibé. Et ce-
« pendant, si l'on réclame comme conséquence du
« fait licite de la chasse à huis clos la faculté de
« transporter au dehors, il faut au même titre de-
« mander la faculté de mettre en vente, de col-
« porter et de vendre; la raison de décider est évi-
« demment la même. En effet, Messieurs, le prin-
« cipe de l'argumentation que nous combattons
« est qu'il n'y a pas de temps prohibé pour les en-
« clos attenant à une habitation, et dès lors on
« réclame, comme conséquence du droit de chasser
« en tout temps, le droit de transporter, en tout
« temps aussi, le produit d'une chasse légitime.
« Mais alors, encore une fois, si l'argument a de la
« valeur, il emporte avec lui la faculté de colpor-
« ter, de mettre en vente et de vendre. Et pour-
« tant, Messieurs, personne ne songe à réclamer
« une telle extension des dispositions de l'art. 2 du
« projet de loi; parce qu'en réalité, aux yeux de
« tous, l'article 2 ne confère pas aux propriétaires
« de parcs un droit qui serait un privilége, mais
« qu'il consacre au profit des enclos attenant à une
« habitation, une inviolabilité légale contre la
« poursuite. C'est le parc et non le propriétaire qui
« est en dehors du droit commun, ou plutôt l'im-
« munité s'applique à l'enclos, non au proprié-
« taire de l'enclos; voilà pourquoi elle couvre le
« fait de chasse qui se passe dans le lieu clos, et
« pourquoi elle ne peut s'étendre au transport, au

« colportage, à la vente qui s'accomplissent néces-
« sairement en dehors du lieu clos, en public. Ainsi
« l'exception naît de la clôture et du domicile,
« elle est nécessairement limitée par les deux cir-
« constances qui la produisent. »

Ces principes ont prévalu, et ils font connaître tout à la fois le sens et la portée des art. 2 et 4 de la loi. Quelques difficultés se présenteront sans nul doute dans la pratique : il n'en peut être autrement pour une disposition toute nouvelle, qui froisse de si anciennes habitudes et un usage général : nous croyons toutefois que les dispositions de la loi recevront bientôt de la jurisprudence une application conforme à son but principal, qui n'est autre chose que le respect absolu du temps prohibé.

Dans chaque département..... Ces mots ont été placés à dessein pour éviter la fraude : la chasse, en effet, peut être ouverte et fermée dans chaque département à des époques différentes, et sans l'insertion dans la loi des mots que nous venons de rappeler on en eût enfreint les prohibitions, sous prétexte que le gibier vendu venait d'un département où la chasse n'était pas close.—D'après la rédaction consacrée, au contraire, quelle que soit la provenance du gibier, qu'il vienne de l'étranger, qu'il ait été tué en France en temps permis, où dans les conditions établies par l'art. 2, il ne peut être ni vendu, ni mis en vente, ni acheté, ni transporté, ni colporté dans un département où la chasse est fermée.

On a demandé si l'interdiction s'appliquait au gibier vivant, en faisant remarquer que souvent le gibier vivant était transporté d'un lieu à l'autre dans un but de reproduction :— Il a été répondu avec raison à la Chambre des Pairs que l'interdiction était absolue, qu'elle n'admettait aucune distinction pour ne permettre aucune fraude.

Faudrait-il du moins admettre une distinction relativement au gibier cuit? Nous ne le pensons pas davantage et le gibier ne perd pas ce caractère parce qu'il est dépouillé de ses plumes ou de sa peau ; il est évident que les interdictions s'appliquent au gibier vivant comme au gibier mort, au gibier cuit comme au gibier cru, et que le restaurateur ou le marchand de comestibles, par exemple, serait également punissable, soit qu'il vendît le gibier tel que la chasse le lui donne, soit qu'il le vendît après l'avoir préparé, ou le servît sur la table du consommateur. — Si la solution contraire pouvait être admise, les interdictions de la loi seraient comme non avenues, puisqu'il suffirait de la plus simple préparation et d'une préparation indispensable pour les éluder toutes.

Une distinction est cependant ici nécessaire : l'article 4 prohibe, il est vrai, d'une manière absolue la mise en vente, la vente, l'achat, le transport et le colportage du gibier, dans chaque département, pendant le temps où la chasse n'y est pas permise, mais la loi, comme nous le verrons plus tard, autorise les préfets à prendre des arrêtés, qui nonobstant la prohibition générale permettront à certaines époques déterminées la chasse exceptionnelle de certains oiseaux de passage et celle du gibier d'eau. Il est bien évident, que pendant que ces chasses seront licites, la mise en vente, la vente, l'achat, le transport et le colportage du gibier spécial qui en proviendra seront également licites : que si, au contraire, certains animaux compris dans l'expression générale de gibier, pouvaient être considérés par quelques arrêtés préfectoraux comme des animaux malfaisants ou nuisibles, et que par suite la destruction en fût autorisée en temps prohibé, il ne nous paraît pas moins évident que les interdictions de l'art. 4 demeureraient applicables.

Faut-il aller plus loin, et doit-on admettre que la loi puisse atteindre le consommateur, par exemple, qui dans un établissement public se ferait servir du gibier en temps prohibé?—Sans avoir besoin de nous prononcer sur la question en droit , il nous paraît qu'une telle rigueur dans l'exécution, serait fâcheuse, et qu'elle irait au delà du but même de la loi. Il ne faut pas perdre de vue que l'acheteur n'a été puni que pour atteindre plus efficacement le vendeur, que si les établissements publics, dans un intérêt d'ordre, doivent toujours être accessibles à la police, c'est beaucoup plutôt par rapport à ceux qui les tiennent, que relativement à ceux qui les fréquentent, que la loi ainsi judaïquement appliquée, pourra donner lieu à des méprises fâcheuses, à des inquisitions vexatoires ; et qu'il conviendra sous ce rapport d'apporter dans son exécution une certaine mesure et des tempéraments raisonnables.

Au surplus, à côté de ces prohibitions rigoureuses, vient se placer une disposition qui rentre dans l'esprit de notre dernière observation, et qui se présente comme un correctif indispensable de la sévérité des interdictions prononcées par le paragraphe premier de l'article 4, c'est celle qui ne permet la recherche du gibier à domicile que chez les aubergistes, chez les marchands de comestibles et dans les lieux ouverts au public.

Il résulte de cette disposition toutefois que le fait seul de la détention du gibier en temps prohibé par un aubergiste, par un marchand de comestibles et par tous ceux qui tiennent des établissements ouverts au public est considéré, par la loi, comme un fait de mise en vente. Cette disposition, en effet, autorise expressément la *recherche* du gibier dans tous ces établissements, et la *recherche* suppose qu'il n'y a pas exposition, mais seulement détention. Si la loi eût admis que l'exposition constituait seule la mise en vente, elle aurait autorisé la saisie, non la *recherche*. — Mais les recherches autorisées par la loi, sont-elles du moins limitées aux lieux réellement ouverts au public, et doivent-elles s'arrêter devant les dépendances de ces lieux? Non évidemment ; car la loi est sérieuse et elle veut atteindre le but qu'elle se propose. Or, si les recherches étaient ainsi limitées, le but de la loi serait manqué, et la vente, qui ne pourrait avoir lieu dans le magasin, dans la boutique, se ferait clandestinement dans l'office, dans la cuisine, dans l'habitation du marchand ; les dispositions de l'art. 23, dont nous rendrons compte ultérieurement, autorisent les employés des contributions indirectes à rechercher et constater, dans les limites de leurs attributions, les infractions au paragraphe premier de l'article qui nous occupe ; ces employés pourront donc et devront faire ces recherches et ces constatations partout où ils les font aujourd'hui dans les matières de contributions indirectes.

En cas d'infractions aux dispositions du paragraphe premier de l'art. 4, la loi veut que le gibier soit saisi et immédiatement livré à l'établissement de bienfaisance le plus voisin, en vertu, soit d'une ordonnance du juge de paix, si la saisie a eu lieu au chef-lieu de canton, soit d'une autorisation du maire, si le juge de paix est absent, ou si la saisie a été faite dans une commune autre que celle du chef-lieu. — Cette ordonnance ou cette autorisation sera délivrée sur la requête des agents ou gardes qui auront opéré la saisie, et sur la présentation du procès-verbal régulièrement dressé.

Cette utile disposition qui n'a été introduite par la Chambre des pairs que lors du second examen qu'elle a fait de la loi, et sur un amendement proposé par M. le comte Beugnot, présentait en effet d'assez sérieuses difficultés.

Les motifs qui ne permettent point d'autoriser la saisie du gibier sur le chasseur, pris en flagrant délit, n'existent pas tous assurément quand il s'agit non plus du chasseur, mais du colporteur, du ven-

deur ou du particulier qui transporte; mais que
faire du gibier saisi? La confiscation est une peine,
autorisée par les lois sans doute, mais qui, à titre de
peine ne pèut êtrę prononcée que par un tribunal.
La saisie n'est jamais qu'une mesure provisoire, et
la restitution doit avoir lieu si le tribunal absout
ou acquitte. Mais comment restituer le gibier quand
il n'existe plus, et comment existerait-il si le jugement n'a lieu que trois semaines, un mois, deux
mois ou plus encore après la saisie? D'un autre
côté était-il possible que la loi imposât aux agents
chargés de la recherche et de la constatation des infractions prévues par l'art. 4, l'obligation de laisser
le gibier, c'est-à-dire le corps du délit, entre les
mains des délinquants? d'une part c'eût été souvent
rendre la peine illusoire, car le marchand de comestibles peut avoir chez lui une assez grande quan-
tité de gibier, pour que sa valeur dépasse de beaucoup le taux de l'amende; d'autre part, comment
laisser le délit subsister? et il subsistera ; il se continuera par cela seul que le gibier restera entre les
mains du délinquant! Fallait-il faire vendre le gibier par l'autorité publique? mais la vente et l'achat
sont interdits : la disposition de la loi résout presque
toutes ces difficultés. Il faut remarquer en effet que
dans les infractions prévues par le paragraphe 1er
de l'art. 4, les absolutions et les acquittements sont
à peu près impossibles; et qu'en supposant même
que l'acquittement ait lieu, le gibier ne pourrait
être restitué puisque sa restitution placerait le mar-

chand ou le colporteur en état de délit; il en serait
de même pour le particulier saisi en flagrant délit
de transport : supposez qu'il soit acquitté, n'est-il
pas clair que si le gibier lui est restitué, il sera en
délit par cela seul qu'il le transportera du greffe à
son domicile. La loi a donc sagement fait en élevant
ici la saisie à la hauteur de la confiscation; elle ne
l'a fait toutefois qu'au profit des établissements de
bienfaisance et sous la garantie d'une ordonnance
ou d'une autorisation d'un magistrat.

Le dernier paragraphe de l'art. 4 interdit de prendre ou de détruire, sur le terrain d'autrui, des œufs
et des couvées de faisans, de perdrix et de cailles.
Cette disposition avait d'abord été présentée et votée par la Chambre des pairs avec une extension
beaucoup plus grande; elle s'appliquait à la vente
des couvées, et nous regrettons, pour notre compte,
qu'elle ait été réduite aux proportions de cet article
par des discussions ultérieures. Nous le regrettons
non-seulement parce que la conservation du gibier
et le respect de la propriété privée nous paraissaient
intéressés à ce que les interdictions du paragraphe 1er
de l'art. 4 s'appliquassent aux œufs et couvées, mais
encore parce que, dans ses termes actuels et après
la restriction qu'elle a subie, cette disposition est au
moins inutile. A quoi bon déclarer qu'il est interdit
de prendre ou de détruire, sur le terrain d'autrui,
des œufs et des couvées de faisans, de perdrix et de
cailles. Cette interdiction n'est-elle donc pas comprise dans l'interdiction plus générale de chasser sur

le terrain d'autrui sans son consentement? Si quelque doute pouvait s'élever à ce sujet, si l'on se refusait à assimiler ces deux faits, n'est-il pas du moins certain que le fait de prendre ou de détruire, sur le terrain d'autrui, sans son consentement, des œufs et des couvées, est un acte qui n'a jamais été permis. S'il ne s'agit pas là d'un fait de chasse, si l'on se refuse à voir du gibier dans des œufs ou des couvées, alors nous rentrons dans les termes de la législation générale qui protége la propriété particulière, et qui punit ceux qui prennent ou dégradent la chose d'autrui. Voulait-on une peine spéciale mieux appropriée au délit, et qui ne permît aucun doute dans son application? il fallait le faire, mais non pas par une formule qui a le premier inconvénient de paraître créer un délit nouveau, quand elle ne crée qu'une peine nouvelle, et l'inconvénient non moins grave de paraître permettre ce qui n'est pas compris dans ses interdictions. La loi déclare en effet qu'il est interdit de prendre ou de détruire, sur le terrain d'autrui, des œufs et des couvées de faisans, de perdrix et de cailles; mais est-ce qu'il n'est pas interdit, est-ce que, par là même, il est permis de prendre ou de détruire, sur le terrain d'autrui, des œufs et des couvées de toute autre espèce d'oiseau? Est-ce qu'il est licite de prendre ou de détruire, sur le terrain d'autrui, des couvées de pigeons, par exemple, des œufs de gelinotte, d'outarde, de canard, de bécassine? même des nids de grives ou de passereaux quelconques ? non évidemment, et les droits impre-

scriptibles de la propriété subsistent en entier malgré la rédaction du texte que nous examinons. Il ne
faut donc trouver, dans cette disposition rapprochée
du paragraphe 4 de l'art. 11, qu'une peine spéciale
applicable à ceux qui prendront ou détruiront, sur
le terrain d'autrui, des œufs ou couvées de faisans,
de perdrix et de cailles.

Art. 5.

Les permis de chasse seront délivrés sur l'avis
du maire et du sous-préfet, par le préfet du département dans lequel celui qui en fera la demande aura sa résidence ou son domicile.

La délivrance des permis de chasse donnera
lieu au paiement d'un droit de 15 fr. au profit de
l'État, et de 10 fr. au profit de la commune dont
le maire aura donné l'avis énoncé au paragraphe
précédent.

Les permis de chasse seront personnels ; ils seront valables pour tout le royaume et pour un an
seulement.

———

Le décret du 4 mai 1812 exigeait, on le sait, que
les chasseurs fussent munis d'un permis de port
d'armes de chasse ; cette mesure, comme nous
l'avons déjà dit, n'était point une précaution prise
dans l'intérêt de l'ordre et de la sécurité publics ;
elle avait un but purement fiscal, celui de prélever

au profit du trésor, sur toutes les personnes voulant se livrer à l'exercice de la chasse, un impôt qui, fixé d'abord à 30 fr. par le décret du 11 juillet 1810, fut ensuite réduit à 15 fr. par l'art. 76 de la loi du 18 avril 1816. Le paiement de cette somme était la seule condition apportée à l'obtention de ce permis, et l'on comprend qu'il était alors tout à fait inutile d'en faire précéder la délivrance par une enquête sommaire sur la moralité et les antécédents de ceux qui le demandaient : aussi rien de pareil n'avait-il lieu. Il en est autrement sous la loi nouvelle ; les permis de chasse ne devront plus être indistinctement accordés à tous ; il est, comme nous le verrons tout à l'heure, des individus auxquels ils pourront, d'autres auxquels ils devront être refusés, l'autorité chargée d'en faire la délivrance, aura besoin, par conséquent, d'être éclairée sur les motifs qui devront servir de base à sa décision.

Ils seront délivrés par les préfets ; c'est là, en effet, une mesure d'intérêt général qui rentre exclusivement dans les attributions de l'administration.

Le réclamant, pour les obtenir, pourra s'adresser, soit au préfet du département dans lequel il aura son domicile, soit à celui du département dans lequel il aura sa résidence.

Ces deux magistrats sont seuls convenablement placés, pour savoir si l'individu qui s'adresse à eux pour obtenir un permis, n'appartient pas, soit à la catégorie des personnes qui ne doivent jamais en obtenir, soit à celle des personnes auxquelles il est permis d'en refuser pour certains motifs. Il faut faire remarquer, d'ailleurs que ce mot *résidence*, ne doit pas être pris ici dans une acception trop large et trop étendue ; on ne devrait pas donner ce nom à un séjour passager et précaire, mais seulement à un établissement assez stable et assez prolongé pour qu'il permette à l'autorité de bien connaître les antécédents et les habitudes de celui qui en revendiquerait le bénéfice. La décision du préfet sera rendue sur l'avis du maire ; et sur celui du sous-préfet. Placé tout près de celui qui demandera le permis, le maire aura plus que personne les moyens de le bien connaître ; et s'il arrive parfois que, cédant à des influences de localité, peut-être même au désir naturel d'augmenter les ressources de sa commune, ce fonctionnaire délivre trop facilement un avis favorable, soit à des individus auxquels le permis de chasse devra être toujours refusé, soit à ceux auxquels il serait possible et utile de ne pas l'accorder : l'avis du sous-préfet, placé en dehors de ces influences, en détruira sûrement l'effet.

La nécessité de ces deux avis préalables n'est pas imposée facultativement aux préfets, elle est obligatoire, ce ne seront cependant que des mesures d'instruction préparatoires, et qui ne lieront pas leurs décisions définitives.

Le prix du permis de chasse est fixé à 25 francs;

l'Etat continuera à percevoir, sur cette somme les 15 francs que chaque permis de port d'armes de chasse lui rapportait sous l'empire de l'ancienne législation, et les 10 francs de surplus seront affectés à la commune dont le maire aura donné l'avis dont nous venons de parler. Cette mesure nouvelle qui, comme nous le disions tout à l'heure, pourra rendre les maires un peu faciles à donner des avis favorables, les engagera d'un autre côté, puisque le budget de la commune y sera intéressé, à veiller attentivement, et à ne pas permettre qu'aucun de leurs administrés chasse sans permis.

Les permis de chasse seront valables pour tout le royaume ; en effet leur délivrance ne sera subordonnée qu'à des questions générales de capacité ou de moralité, et quand le préfet compétent les aura délivrés, sa décision devra valoir partout puisque elle n'aura été déterminée par aucune circonstance applicable seulement à une localité déterminée.

Art. 6.

Le préfet pourra refuser le permis de chasse :
1° A tout individu majeur qui ne sera point personnellement inscrit, ou dont le père ou la mère ne serait pas inscrit au rôle des contributions ;

2° A tout individu qui, par une condamnation judiciaire, a été privé de l'un ou de plusieurs des droits énumérés dans l'art. 42 du Code pénal, autre que le droit de port d'armes ;

3° A tout condamné à un emprisonnement de plus de six mois, pour rébellion ou violence envers les agents de l'autorité publique;

4° A tout condamné pour délit d'association illicite, de fabrication, débit, distribution de poudre, armes ou autres munitions de guerre; de menaces écrites ou de menaces verbales avec ordre ou sous condition; d'entraves à la circulation des grains; de dévastations d'arbres ou de récoltes sur pied, de plants venus naturellement ou faits de main d'homme;

5° A ceux qui auront été condamnés pour vagabondage, mendicité, vols, escroquerie ou abus de confiance.

La faculté de refuser le permis de chasse aux condamnés dont il est question dans les paragraphes 3, 4 et 5, cessera cinq ans après l'expiration de la peine.

Le principe de cet article fut un de ceux qui soulevèrent les discussions les plus vives, et la question de savoir si les préfets, dans certains cas, seraient libres d'accorder ou de refuser des permis de chasse, fut longuement controversée. La loi, disaient les adversaires de cette mesure, ne doit être en aucun point vague ou incertaine; il faut qu'elle ne laisse rien à l'arbitraire, qu'elle permette certaines choses, qu'elle en défende certaines autres;

mais qu'elle ne confie, en aucun cas, ce soin à des agents, quelqu'impartiaux qu'on les suppose, ils le seront toujours nécessairement moins qu'elle : cet argument n'a pas prévalu, et il était en effet facile de lui opposer des réponses péremptoires. Sans doute il faut que la loi statue le plus souvent elle-même, et laisse le moins possible à l'appréciation de ses agents. Mais ne rien abandonner à cette appréciation ce serait un mal pire encore que de lui trop accorder. En matière de chasse, par exemple, personne ne conteste qu'il soit de l'intérêt public de refuser des permis à certains individus, ce sont ceux dont nous verrons tout à l'heure que s'occupent les art. 7 et 8. L'âge des uns ou leur profession, et plus encore la défiance légitime inspirée par les antécédents de quelques autres, sont des motifs suffisants de les leur refuser : que la loi fasse peser sur eux une interdiction absolue, rien de mieux; mais est-ce qu'il n'est pas d'autres personnes contre lesquelles il peut exister des présomptions qui, pour être graves, ne le sont pas cependant assez pour que toujours, et sans qu'on leur accorde le bénéfice d'un examen préalable, ils doivent être repoussés? Que faire donc à leur égard? Leur interdire absolument le permis de chasse; mais pour certains d'entre eux cette interdiction sera peut-être bien sévère : le leur accorder dans tous les cas? Mais souvent cela ne se fera pas sans danger. Est-ce que ce n'est pas au contraire une mesure pleine de sagesse et de prudence, toute dans l'intérêt d'ailleurs de ceux que les motifs

de suspicion légitime qui pèsent sur eux pourraient
de droit faire regarder comme indignes, que celle
qui laisse à l'autorité, chargée de veiller au maintien de l'ordre public, le soin de décider si les garanties actuelles qu'ils donnent sont de nature à
l'emporter sur les justes raisons qu'on aurait de se
défier d'eux.

La loi nouvelle a donc sagement décidé que les
préfets pourraient refuser les permis de chasse.

Quant à l'établissement des diverses catégories
auxquelles pourra s'appliquer cette faculté de refus,
elles se justifient d'elles-mêmes.

L'individu qui ne sera point inscrit personnellement au rôle des contributions, sans que son père
ou sa mère le soient eux-mêmes, n'est pas pour cela
seul incapable; il peut sans doute présenter des garanties, mais sa position, le plus souvent précaire,
autorise le doute à cet égard. En ce qui le touche,
un examen préalable est nécessaire, et cette nécessité se conçoit d'autant mieux qu'une fois investi du
permis de chasse, il pourra plus facilement qu'un
autre en abuser. En effet, la sanction principale de
la loi consiste dans les amendes, et cette sanction
sera fréquemment illusoire, appliquée aux individus
dont s'occupe le paragraphe 1er. Abrités par leur
insolvabilité, la faculté qu'on leur accorderait pourrait n'être pour eux qu'une occasion de commettre
impunément des délits, et c'est là ce qu'on doit
empêcher.

L'article 42 du Code pénal met au nombre des peines l'interdiction de certains droits : ce sont ceux du vote et d'élection, d'éligibilité, d'être appelé ou nommé aux fonctions de juré ou autres fonctions publiques, ou aux emplois de l'administration, ou d'exercer ces fonctions ou emplois ; de vote et de suffrage dans les délibérations de famille; d'être expert ou employé comme témoin dans les actes ; de témoignage en justice autrement que pour y faire de simples déclarations ; enfin de port d'armes. Les faits pour lesquels ces peines peuvent être prononcées, d'une manière générale ou partielle, sont tous graves et suffisent pour attirer une surveillance spéciale sur la tête de leurs auteurs.

Il est d'autres délits, comme la rébellion, la violence envers les agents de l'autorité publique, qui ont pu être commis dans un moment d'entraînement blâmable et punissable toujours, mais qui pourrait être dus plutôt à un caractère ardent qu'à des habitudes dangereuses ; il faudra donc que ces délits, pour placer ceux qui les auront commis dans une des catégories de l'art. 6, aient entraîné un emprisonnement de plus de six mois : la loi suppose avec raison qu'une peine aussi sévère ne sera jamais prononcée que contre des hommes coupables d'autre chose que d'un emportement accidentel.

La lecture des paragraphes 4 et 5 dispense de commentaire ; il n'est certes pas un des délits énumérés dans ces paragraphes qui n'eût pu, de droit, faire refuser un permis de chasse à son auteur ; et loin de se montrer sévère, le législateur a fait preuve d'indulgence en laissant aux préfets la faculté de décider si ce permis pourra, nonobstant une condamnation, être accordé sans danger.

La faculté de refuser, accordée aux préfets, aura-t-elle toujours, ou dans certains cas seulement, une durée indéfinie : c'est la dernière question que soulève l'art. 6.

Son dernier paragraphe décide que cette faculté cessera cinq ans après l'expiration de la peine, en ce qui touche les condamnés dont il est question dans les paragraphes 3, 4 et 5. Il semble donc, au premier abord, qu'à l'égard des condamnés dont parle le paragraphe 2, c'est-à-dire de ceux qui ont été privés de l'un ou de plusieurs des droits énumérés dans l'article 42 du Code pénal, autres que le droit de port d'armes, cette faculté devrait durer toujours : nous n'en pensons rien cependant.

Nous avons pour cela plusieurs motifs : le premier c'est que la loi, dans tous les autres cas, sans exception, fait dépendre la durée de l'interdiction de la durée de la cause, qui a motivé cette interdiction. Ainsi, l'incapacité des mineurs cesse en même temps que leur minorité ; celle des interdits en même temps que leur interdiction ; celle des gardes en même temps que leurs fonctions ; celle des individus qui ont été privés du droit de port d'armes, en même temps que la privation de ce droit. L'incapacité de ceux qui n'ont pas exécuté les condamnations prononcées contre eux pour un des délits prévus par la loi actuelle, et qui est prononcée, comme nous le verrons tout à l'heure, par l'art. 6, cesse aussitôt que ces condamnations ont été exécutées : celle qui frappe les condamnés à la surveillance est limitée, quant à sa durée, par la durée de la surveillance elle-même : en un mot, nulle part l'incapacité n'est perpétuelle, que là où sa cause l'est également. Il n'y a donc pas de motifs de penser que le législateur ait voulu, en ce qui touche le paragraphe 2 de l'art. 6, déroger à la densée qui a dicté cet article lui-même, ainsique les deux articles suivants.

Il n'existe, d'ailleurs, aucune raison grave pour justifier cette dérogation. La privation du droit, énuméré dans l'art. 42, peut être la suite d'une condamnation judiciaire infligée à des faits plus ou moins graves, à des crimes ou à des délits ; si elle est venue frapper un crime puni, en outre, d'une peine afflictive et infamante, la surveillance de la haute police sera nécessairement prononcée contre le coupable, l'art. 8 lui deviendra applicable, et il n'est pas alors besoin de l'art. 6. Si, au contraire, elle n'a été infligée qu'à un simple délit, il n'y a pas de raison, pour être plus sévère contre celui qui l'aura commis, que contre ceux qui se seront rendus coupables des délits tout aussi graves, qui sont prévus par les paragraphes 3, 4 et 5, et pour faire peser sur lui. seul pour toujours, une mesure dont, cinq ans après l'expiration de leur peine, tous les autres condamnés pour délits se verront délivrés.

Il serait injuste encore de faire une distinction, même entre les condamnés atteints par le paragraphe 2, et de ne faire peser, quand il n'existe absolument aucun motif pour cela, qu'une incapacité temporaire sur les condamnés privés du droit de port d'armes, tandis qu'une incapacité qui pourrait durer toujours suivrait ceux qui auraient été privés de quelques-uns des autres droits. Il est évident que la condition de tous doit être égale, et nous sommes convaincus que c'est par une erreur de rédaction, que le paragraphe 2 n'a pas été rappelé dans la disposition finale de l'article 6, comme les paragraphes 3, 4 et 5.

L'opinion que nous émettons ici se fonde, enfin, sur un passage de l'exposé des motifs, dont M. le garde des sceaux fit précéder le projet de loi amendé par la Chambre des députés, quand il le soumit une seconde fois aux délibérations de la Chambre des pairs.

« D'après le nouvel article 6, que la Chambre des députés a substitué à l'ancien, lit-on dans cet exposé, les préfets, au lieu d'avoir la faculté générale de refuser des permis, n'auront que le droit *limité* d'en refuser à certaines catégories de personnes désignées dans les cinq premiers paragraphes de l'article 1er. » Il résulte évidemment de ces expressions que le droit du préfet sera limité dans tous les cas, et quelle que soit celle des cinq catégories dans laquelle sera placé l'individu frappé d'un refus.

Mais si le refus, par exemple, émane du préfet du département dans lequel un réclamant aura sa résidence, ce réclamant pourra-t-il s'adresser au préfet du département dans lequel il aura son domicile, et réciproquement? Ce point nous paraît hors de doute; ces deux magistrats sont tous deux compétents; ils ont tous deux des droits égaux, et il n'existe pas de motifs pour que la décision de l'un puisse lier l'autre.

Art. 7.

Le permis de chasse ne sera pas délivré :

1° Aux mineurs qui n'auront pas seize ans accomplis;

2° Aux mineurs de seize à vingt et un ans, à moins que le permis ne soit demandé pour eux par leurs père, mère, tuteur ou curateur, portés aux rôles des contributions;

3° Aux interdits;

4° Aux gardes champêtres ou forestiers des communes, et établissements publics, ainsi qu'aux gardes forestiers de l'État et aux gardes-pêche.

———

Les mineurs et les interdits sont placés dans un

état d'incapacité légale, qui paralyse entre leurs mains l'exercice de tous les droits qui leur appartiennent : les uns et les autres sont privés de la libre disposition de leurs biens, la loi pouvait donc par voie de conséquence, leur refuser le droit de chasse qui se rattache au droit de propriété lui-même. Et en effet, elle s'oppose à ce que le permis de chasse leur soit délivré. L'inexpérience que la grande jeunesse des uns doit faire supposer, la faiblesse des facultés mentales, qui a provoqué l'interdiction des autres, sont, au surplus, les motifs qui ne permettent pas qu'on les laisse librement se livrer à un exercice qui exige jusqu'à un certain point de la prudence et de la maturité. Toutefois, l'art. 7 établit une distinction entre les mineurs : ceux qui n'auront pas seize ans accomplis seront frappés d'une incapacité absolue. Vainement leurs parents, ou leurs tuteurs, en feraient-ils pour eux la demande, et se porteraient-ils leurs garants. La loi protége les parents et tuteurs contre leur propre faiblesse, et ne veut pas qu'ils puissent céder à des obsessions qu'ils n'auraient peut-être pas toujours la force de surmonter. Elle agit sagement en ce point ; car enfin, leur responsabilité ne pourrait détruire les suites d'un accident ou d'un malheur, que les règlements de police ont pour but principal d'éviter. Quant aux mineurs qui ont accompli leur seizième année, la loi présume plus de leur prudence, et si leur père, et à son défaut, leur mère, leur tuteur ou curateur, vient en rendre témoignage, il n'existe plus de raison pour refuser d'y croire. Il faudra en outre que ces garants soient portés au rôle des contributions ; mais il est évident que si le mineur y était porté lui-même , il ne serait plus nécessaire que son père, sa mère, ou son tuteur le fût aussi. L'article 7 ne le dit pas formellement, mais cela résulte de l'esprit de cet article, ainsi que du paragraphe second de l'article 6.

Quant aux gardes champêtres, et sous cette dénomination la loi comprend généralement tous les agents spécialement chargés par une mission continue ou temporaire, de veiller à la conservation de récoltes, quelles qu'elles soient, les gardes messiers, les gardes vignes, etc.; aux gardes forestiers de l'Etat ou des communes, l'interdiction qui pèse sur eux prend sa source dans la nature même de leurs fonctions. Préposés à la répression des délits de chasse, il faut qu'ils ne soient jamais tentés d'en commettre : c'est une nécessité d'autant plus grande, que ce sont eux qui ont le plus de moyens de détruire quand ils ne veulent pas conserver. Leur genre de vie, leurs habitudes, le pouvoir même dont ils sont revêtus, et qui pourrait leur donner plus qu'à tous autres l'espérance d'arriver à l'impunité, sont autant de séductions puissantes contre lesquelles il est bon de les prémunir, et le plus sûr moyen pour arriver à ce but, est de leur refuser d'une manière absolue le permis de chasse. Des motifs d'une nature presque complétement identique existent à l'égard des gardes pêches, et ont dû les faire comprendre dans la même interdiction.

Cette interdiction, d'ailleurs, ne s'applique qu'aux simples gardes ; elle n'existe pas pour les agents gradés, quel que soit leur rang dans la hiérarchie administrative. Elle prend naissance dès que le garde est revêtu de ses fonctions, elle le suit pendant toute la durée de son exercice, et ne cesse qu'avec la cause dans laquelle elle a pris sa naissance.

Mais il faut remarquer que les gardes des particuliers ne sont point atteints par l'incapacité qui nous occupe ; les particuliers ont non-seulement le droit de chasser, mais encore celui de faire chasser sur leurs propriétés et possessions, et il n'existe pas de raison pour les empêcher de déléguer ce droit aussi bien à leurs gardes qu'à des étrangers.

Art. 8.

Le permis de chasse ne sera pas accordé,

1ª A ceux qui, par suite de condamnation, sont privés du droit de port d'armes ;

2° A ceux qui n'auront pas exécuté la condamnation prononcée contre eux pour l'un des délits prévus par la présente loi ;

3° A tout condamné placé sous la surveillance de la haute police.

Il nous reste peu de choses à dire sur cet article,

et nous avons, à propos de l'art. 6 , fait déjà toutes
les remarques dont il nous paraît susceptible; l'art. 7
s'occupe des incapacités , l'article 8 des cas d'indignité ; mais les exclusions qu'il prononce doivent
cesser avec les causes qui les ont produites. Ainsi ,
quand le droit de port d'armes sera rendu à celui
qui en aura été privé par suite d'une condamnation ; quand les condamnations dont parle le paragraphe deux auront été exécutées ; quand les individus soumis à la surveillance de la haute police
verront arriver le terme de cette surveillance ,
l'indignité qui les fait exclure, cessera par cela seul.

Enfin, et pour terminer, nous placerons ici une
observation qui s'applique à l'art. 7 aussi bien qu'à
l'art. 8. Les individus que ces deux articles concer-
nent ne peuvent plus obtenir de permis de chasse;
mais cependant, si déjà frappés, soit de l'incapacité, soit de l'indignité, ils avaient trouvé le
moyen d'obtenir un permis de chasse, ou bien si
l'incapacité ou l'indignité venait les frapper dans
un moment où le permis de chasse précédemment
obtenu serait encore valable, pourraient-ils se pré-
valoir de ce permis et en faire usage? La question
est délicate, et de nature à être controversée : on
pourrait dire que l'article 1er n'impose à l'exercice du droit de chasse que deux conditions : l'ouverture de la chasse, et la délivrance d'un permis
par l'autorité compétente. A côté de ce principe, la
loi formule bien quelques exceptions qui ont pour
but d'en adoucir la rigueur dans certains cas, mais

nulle part elle n'en établit qui la restreignent, et
qui fassent que le chasseur possesseur du droit de
chasse et porteur d'un permis qui lui aurait été délivré par l'autorité compétente, puisse être, dans
certains cas, assimilé à l'individu chassant sans
permis. Toutes les exceptions doivent être restreintes aux cas pour lesquels elles sont formellement établies; et celle-ci notamment ne peut être étendue
par voie d'interprétation. Nous ne pensons pas, pour
notre part, que cette manière d'entendre la loi fût
la véritable, et c'est l'opinion contraire qui nous
semble devoir être adoptée. Il faut, dans cette question, soigneusement distinguer trois choses : le droit
de chasse, la faculté d'exercer ce droit, et le permis
sans lequel on ne peut exercer cette faculté, quand
bien même on la possèderait légitimement. Le permis de chasse la suppose, mais il ne la crée pas plus
qu'il ne crée le droit lui-même; il n'a pour but
que d'en assurer la paisible jouissance. Or les individus auxquels la loi ne permet pas d'exercer cette
faculté, sont à cet égard placés dans un état d'incapacité absolue : le permis de chasse, qui n'est en
quelque sorte que la déclaration de la faculté, ne
peut avoir de valeur ni d'efficacité là où la faculté
manque; il n'a pas de cause, et se trouve vicié
dans son essence même. Nous croyons donc que la
condamnation encourue par les individus dont
nous parlons, s'ils étaient trouvés chassant même
avec un permis, devraient être celle que la loi

prononce contre ceux qui chassent sans permis.

Art. 9.

Dans le temps où la chasse est ouverte, le permis donne à celui qui l'a obtenu, le droit de chasser de jour, à tir et à courre, sur ses propres terres, et sur les terres d'autrui avec le consentement de celui à qui le droit de chasse appartient.

Tous autres moyens de chasse, à l'exception des furets et des bourses destinées à prendre le lapin, sont formellement prohibés.

Néanmoins les préfets des départements, sur l'avis des conseils généraux, prendront des arrêtés pour déterminer ,

1° L'époque de la chasse des oiseaux de passage, autres que la caille, et les modes et procédés de cette chasse ;

2° Le temps pendant lequel il sera permis de chasser le gibier d'eau, dans les marais, sur les étangs, fleuves et rivières ;

3° Les espèces d'animaux malfaisants ou nuisibles que le propriétaire, possesseur ou fermier, pourra en tout temps détruire sur ses terres, et les conditions de l'exercice de ce droit, sans préjudice du droit appartenant au propriétaire ou au fermier de repousser ou de détruire, même avec des armes à feu, les bêtes fauves qui porteraient dommage à ses propriétés.

Ils pourront prendre également des arrêtés ,

1° Pour prévenir la destruction des oiseaux ;

2° Pour autoriser l'emploi des chiens lévriers pour la destruction des animaux malfaisants ou nuisibles ;

3° Pour interdire la chasse pendant les temps de neige.

A la séance du 16 mai 1843, le rapporteur de la loi, à la Chambre des pairs, s'exprimait en ces termes :

« Le projet de loi consacre une pensée vraie, dont votre commission s'est emparée pour en tirer la conséquence avec plus de rigueur encore que le projet lui-même. C'est que la chasse proprement dite ne se pratique que de deux manières : avec le fusil ou avec les chiens, à tir ou à courre ; il n'y a pas de propriétaire ou possesseur d'un droit de chasse, qui exerce ce droit autrement. Les filets, les panneaux, les collets sont des instruments de braconnage, non-seulement parce qu'ils sont essentiellement destructeurs, mais parce que leur emploi, toujours caché, constitue plutôt l'industrie que l'exercice de la chasse. En prenant cette idée pour point de départ, le projet de loi renvoyait à des règlements d'administration publique la désignation des engins et instruments qui devraient être prohibées. Mais il est évident, Messieurs, que de tels règlements ne seraient jamais efficaces; car, non-seulement il est impossible d'établir la nomenclature indéfinie des procédés de chasse mis actuellement en usage sur tous les points de la France, mais cette nomenclature, fût-elle écrite dans la loi, serait bientôt dépassée par l'esprit inventif ou plutôt par le génie malfaisant du braconnier. Le moyen certain, mais aussi le seul moyen d'arriver au but, c'est de procéder, dans la loi, par voie d'autorisation, non par voie d'interdiction ; de prohiber comme moyen de chasse tous les procédés du braconnage, et de n'avouer et reconnaître que les moyens généralement admis et pratiqués par ceux qui exercent en réalité le droit de chasse : c'est à cette pensée, Messieurs, que votre commission s'est arrêtée. Toutefois, en vous proposant de n'autoriser que la chasse au fusil ou à l'aide des chiens, elle a compris qu'une exception était nécessaire à l'égard d'une espèce particulière de gibier, en raison des dégâts que cette espèce cause aux propriétés rurales et forestières ; enfin, et ceci est plus grave, votre commission ne pouvait oublier que la chasse des oiseaux de passage constitue, dans certains départements de la France, une véritable industrie que la loi ne peut détruire, qu'elle doit au contraire protéger. Cette chasse, qui se fait en grand, sans pouvoir être jamais une cause de destruction, doit tenir une place à part dans la législation, et être l'objet de règles spéciales. Le passage de certains oiseaux a lieu dans le temps prohibé ; d'un autre côté, ce n'est pas habituellement avec le fusil que de telles chasses peuvent se faire ; les instruments et engins propres à ces sortes de chasses varient de pays en pays comme les oiseaux mêmes qu'ils sont destinés à prendre. Sous ce rapport, il était impossible de spécifier dans la loi les modes et procédés de chasse si divers dont l'emploi pourrait et devrait être autorisé. Le projet qui, d'une part, interdit la vente du gibier en même temps que la chasse pendant le temps prohibé, qui, de l'autre, n'autorise que deux modes de chasse pour le gibier qui reste en France d'une manière permanente, et qui, par cette double disposition, détruit le braconnage, sans gêner l'exercice légitime du droit de chasse, pose le principe de règles toutes différentes pour le gibier de passage ; il charge les préfets des départements de prendre des arrêtés pour déterminer *l'époque* de la chasse des oiseaux de passage, *les modes et procédés de cette chasse.* Ainsi se trouvent conciliée l'interdiction exigée pour la conservation des récoltes et du gibier, avec les licences réclamées par les intérêts divers d'un assez grand nombre de départements. »

Les paroles du rapporteur donnent ici tout à la fois l'historique et la pensée principale de l'art. 9. La loi n'admet et ne reconnaît, pour le gibier du pays, que deux modes de chasse : *la chasse à tir* et *la chasse à courre ;* dans ces expressions réunies se trouve comprise la chasse à tir aux chiens courants, espèce de chasse très répandue, peu destructive, qui constitue le principal plaisir des propriétaires ruraux dans l'arrière-saison, et qui résumant en elle-même les deux modes de chasse autorisés par la loi, et n'empruntant rien ailleurs, est autorisée par-là même.

Il importe sur le premier paragraphe de remarquer ces mots : sur les terres d'autrui avec le consentement de *celui à qui le droit de chasse appartient*. Nous y trouvons la confirmation expresse du sens, incontestable d'ailleurs, que nous avons donné aux expressions de l'art. 1er : *consentement du propriétaire* ou *de ses ayants-droit*.

Nous avons dit sur l'art. 1er, que partout où la loi parlait de la chasse, il fallait comprendre la recherche et la poursuite non-seulement du gibier proprement dit, mais de toute espèce d'oiseau ou d'animal sauvage : c'est le sens constamment attribué au mot chasse, c'est le sens que cette expression devrait avoir dans la loi, alors même que ses auteurs ne s'en fussent point expliqués; mais ce sens est plus certain encore en présence des explications données par les auteurs mêmes de la loi. A la séance de la Chambre des pairs, du 28 mars 1844, M. le baron de Daunant s'exprimait ainsi : « Il me paraît inu-
« tile d'autoriser les préfets à prendre des arrêtés
« pour prévenir la destruction des oiseaux, car la
« défense de la chasse au filet, ou par tout autre
« mode que la chasse au fusil, a été prononcée d'une
« manière absolue par le deuxième paragraphe de
« l'article que nous votons (l'art. 9). Le préfet n'a
« donc qu'à tenir la main à ce que cette disposi-

« tion soit exécutée, et non à prendre de nouveaux
« arrêtés. »

Le rapporteur lui répondait : « Dans l'intérêt de
« l'agriculture il avait été réclamé, de toutes parts
« et par un grand nombre de conseils généraux no-
« tamment, qu'on prévînt la destruction des oi-
« seaux : eh bien! pour donner plus de garanties,
« indépendamment des dispositions générales de la
« loi qui sont dans les art. 1er et 9 que vous avez
« votés, et qui interdisent tout procédé de chasse
« autre que le fusil et les chiens, il nous a paru utile
« de donner, dans tous les cas aux préfets, le droit
« de prendre des arrêtés pour prévenir la destruc-
« tion des oiseaux. Cela peut d'autant moins faire
« disparaître les interdictions générales de la loi,
« que la disposition a pour but de donner aux pré-
« fets les moyens d'accroître encore ces interdic-
« tions générales en ce qui concerne les oiseaux.
« Ainsi, la chasse des oiseaux ne peut se faire que
« dans les termes des art. 1er et 9 de la loi, à moins
« qu'il ne s'agisse d'oiseaux de passage; et, de plus,
« les préfets auront le droit de prendre des arrêtés
« pour prévenir la destruction des oiseaux de quel-
« que manière qu'elle ait lieu. »

Ainsi, de même que d'après les termes de l'art. 1er
de la loi, nul n'a la faculté de chasser, c'est-à-dire de
rechercher, de poursuivre ou de prendre, sur le terrain d'autrui, sans son consentement, des oiseaux ou
des animaux sauvages, quels qu'ils soient, de même
d'après le paragraphe 1er de l'art. 9, celui-là même

qui a obtenu un permis de chasse ne peut, sur son propre terrain et quand la chasse est ouverte, chasser les oiseaux du pays autrement qu'à tir, et les autres animaux sauvages, à l'exception du lapin, autrement qu'à tir ou à courre. Le législateur a su qu'en consacrant cette disposition il supprimait non pas, à la vérité, une profession mais une sorte d'industrie accidentellement exercée par quelques personnes, dans les grandes villes surtout; il l'a su et l'a voulu, nous l'avons déjà dit, dans les intérêts de l'agriculture : il faut reconnaître d'ailleurs que le métier de ces oiseleurs vagabonds, qui se répandaient en toutes saisons dans les environs des villes pour y tendre leurs nappes ou leurs trébuchets, n'était autre chose qu'une violation quotidienne de la propriété d'autrui. Cette chasse, sans profit, se pratiquait au grand détriment des campagnes, non-seulement parce qu'elle leur enlevait un de leurs charmes principaux, mais encore et surtout parce que son résultat était d'accroître le nombre des insectes de toutes sortes qui détruisent les biens de la terre.

Deux exceptions sont admises par la loi au principe qui ne légitime que deux modes de chasse : l'une est relative aux lapins ; elle était nécessaire en raison des dégâts que cet animal cause aux propriétés rurales et forestières ; la loi permet de le chasser avec le furet et les bourses : il va sans dire que pour se livrer à cette chasse il n'en faut pas moins être dans les conditions de l'art. 1er de la loi.

La seconde exception s'applique aux oiseaux de passage autres que la caille : les motifs en sont énoncés dans le passage que nous avons cité tout à l'heure, du rapport fait à la Chambre des pairs, dans la séance du 16 mai 1843.

Ainsi les préfets, sur l'avis des conseils généraux, sont tenus de prendre des arrêtés pour déterminer l'époque de la chasse des oiseaux de passage, autres que la caille, et les modes et procédés de cette chasse. La loi n'a pas permis que la caille pût être chassée autrement que le gibier du pays, non-seulement parce qu'elle niche et se reproduit en France, à la différence de la plus grande partie des autres oiseaux de passage, mais encore et principalement parce que si l'on eut permis de la chasser autrement qu'à tir, et dans le temps où la chasse est fermée, on eût, en réalité, conféré le monopole de cette chasse à quelques départements frontières. Les départements du centre et du nord se plaignaient avec raison de la destruction faite, dans le midi, au moment de l'arrivée des cailles. C'est pour faire droit à ces réclamations, qu'en permettant aux préfets de réglementer l'époque et les procédés de la chasse des oiseaux de passage, on a fait une exception pour la caille.

Il est inutile, sans doute, de faire observer sur cet article que pour chasser les oiseaux de passage, à l'époque et suivant les procédés déterminés dans les arrêtés des préfets, il sera toujours nécessaire 1° d'avoir obtenu un permis de chasse, condition qui ne souffre d'exception que pour le cas de l'art. 2 de la loi ;

2° D'avoir le droit de chasse, ou la permission de celui à qui ce droit appartient, condition qui ne souffre point d'exception ; et en outre, si l'on chasse les oiseaux de passage à une autre époque que celle qui a été fixée par l'arrêté, à moins que ce ne soit en temps permis, ou par un autre procédé que le procédé déterminé par le même arrêté, on tombe sous le coup du paragraphe 3 de l'art. 11 que nous examinerons ultérieurement.

Les préfets devront également prendre des arrêtés pour déterminer le temps pendant lequel il sera permis de chasser le gibier d'eau, dans les marais, sur les étangs, fleuves et rivières, toujours sous les conditions du permis et du droit de chasse. Il faut remarquer ici que la loi ne parle plus des modes et procédés de chasse ; le gibier d'eau ne pourra donc être chassé qu'à tir, et l'arrêté du préfet n'indiquera que l'ouverture spéciale ; la loi de 1790 permettait à tout propriétaire ou possesseur de chasser ou faire chasser en tous temps dans ses lacs et étangs. La loi nouvelle, comme on le voit, innove complétement à cet égard ; la chasse dans les marais, sur les étangs, lacs, fleuves et rivières, est soumise aux mêmes conditions d'ouverture et de clôture que la chasse en plaine ou la chasse au bois ; l'exception dont nous rendons compte ne s'applique qu'au gibier d'eau. Les préfets ne pourraient donc point indiquer une ouverture spéciale de la chasse pour les marais, les étangs, fleuves ou rivières ; cette ouverture particulière ne peut s'appliquer qu'au gibier d'eau, et celui qui, dans un marais, à l'époque où la chasse du gibier d'eau y est permise, tirerait un lièvre, une perdrix, ou tout autre gibier de plaine ou de bois, serait en contravention à la loi.

Nous n'avons pas besoin de rappeler ici que les interdictions du paragraphe premier de l'article 4 ne seront pas applicables aux oiseaux de passage et au gibier d'eau, à l'époque où ces chasses spéciales seront ouvertes par les préfets. Mais il importe de remarquer que, si la loi impose aux préfets l'obligation de déterminer le temps pendant lequel il sera permis de chasser le gibier d'eau, dans les marais, sur les étangs, fleuves et rivières, elle ne s'oppose nullement à la chasse de ce gibier particulier dans le temps où la chasse est ouverte ; ainsi les préfets, sur l'avis des conseils généraux, pourront autoriser la chasse du gibier d'eau dans les marais, sur les étangs, fleuves et rivières, pendant le temps où la chasse en général est prohibée ; mais quand la chasse est ouverte, il est certain qu'il n'est nullement besoin d'une ouverture spéciale pour pouvoir chasser le gibier d'eau. Le premier paragraphe que nous examinons décide, en effet, que dans le temps où la chasse est ouverte, le permis donne à celui qui l'a obtenu le droit de chasser à tir et à courre sur ses propres terres et sur les terres d'autrui, avec le consentement de celui à qui le droit de chasse appartient ; il n'y a là, comme on le voit, aucune restriction, et l'ouverture générale de la chasse s'applique à toute espèce de terres, comme à toute espèce de gibiers.

Le troisième objet sur lequel doivent porter les arrêtés des préfets, c'est la *destruction*, non *la chasse* des animaux malfaisants ou nuisibles. Il faut, en effet, dès l'abord remarquer que la loi, dans le paragraphe 3 de l'article 9, emploie à dessein les mots *repousser* et *détruire*, et qu'elle ne se sert point du mot chasser; d'où résulte, comme première conséquence, que le propriétaire ou fermier, tout au moins dans les cas prévus par la fin de ce paragraphe, n'est pas tenu d'avoir un permis de chasse pour exercer le droit qui lui est conféré. Mais ici, et sur l'ensemble et les détails de ce paragraphe, quelques explications sont nécessaires. — L'art. 15 de la loi de 1790 accordait aux propriétaires ou possesseurs, et même aux fermiers, le droit de détruire, en tout temps, le gibier dans ses récoltes non closes, en se servant de filets ou autres engins, qui ne puissent pas nuire aux fruits de la terres, comme aussi de repousser avec des armes à feu les bêtes fauves qui se répandraient dans lesdites récoltes. — L'expérience a montré que cette disposition pouvait entraîner les plus graves abus, et que sous le prétexte de protéger les récoltes, ou de repousser les bêtes fauves, le propriétaire ou le possesseur du droit de chasse trouvait le moyen de chasser en temps prohibé, et le fermier, la possibilité de chasser en tout temps sur les terres d'autrui;

Car, dans le sens vrai d'une loi sur la police de la chasse, le terrain d'autrui, c'est le terrain sur lequel on n'a pas le droit de chasse. La loi nouvelle a été plus prévoyante, elle a voulu qu'un arrêté du préfet, rendu sur l'avis du conseil général, déterminât les espèces d'animaux malfaisants ou nuisibles que le propriétaire, possesseur ou fermier, pourrait en tout temps détruire sur ses terres, et les conditions de l'exercice de ce droit ; elle ne pouvait pas refuser, en même temps, au propriétaire du fonds ou au fermier, le droit de repousser ou de détruire, même avec des armes à feu et sans arrêté préfectoral, les bêtes fauves, c'est-à-dire ces mêmes animaux dont nous venons de parler, qui portaient dommage à ses propriétés ; mais comme c'est le dommage seul qui fait naître le droit, et non pas la présence de ces animaux dans les récoltes, le fait de ce dommage devra être prouvé pour faire tomber la prévention. Sur ce point, il convient de rappeler les paroles du rapporteur à la Chambre des pairs.

« En imposant aux préfets le devoir de prendre
« des arrêtés pour déterminer les espèces d'ani-
« maux malfaisants ou nuisibles que le proprié-
« taire possesseur ou fermier pourra en tout temps
« détruire sur ses terres, et pour régler l'exercice
« de cette faculté, vous n'aviez point entendu pri-
« ver le propriétaire ou fermier du droit incontes-
« table de repousser ou de détruire les bêtes fauves
« qui porteraient dommage à ses propriétés. La
« Chambre des députés a voulu que ce droit fût

« écrit dans la loi. Nous ne pouvons qu'adopter
« cette disposition. Ainsi, les animaux nuisibles ou
« malfaisants ne pourront être détruits que sui-
« vant les conditions déterminées par les arrêtés
« des préfets, sauf le cas où ils porteront dommage
« aux propriétés. Ce sera donc au propriétaire ou
« fermier, s'il se place en dehors des conditions de
« l'arrêté, à prouver le fait du dommage, puisque
« ce fait seul l'autorise à enfreindre ces condi-
« tions. »

Il faut remarquer d'abord que les arrêtés des
préfets, en pareille matière, ont pour but de protéger les récoltes et le gibier, et que les animaux
malfaisants ou nuisibles dont ces arrêtés doivent
autoriser la destruction, sont ceux qui peuvent porter préjudice soit aux fruits de la terre, soit au gibier ; cela résulte des mots *propriétaires, possesseurs
et fermiers*. — *Propriétaires* et *fermiers* indiquent
plus particulièrement ceux qui représentent les intérêts de la terre, *possesseurs* celui qui représente le
droit de chasse.—Dans la seconde partie du paragraphe, au contraire, l'intérêt de la chasse n'est
point en jeu ; c'est l'intérêt seul des biens de la
terre, et le mot *possesseur* ne se reproduit plus.—
Le possesseur du droit de chasse, le propriétaire lui-
même ou le fermier ne pourraient donc sans délit
détruire un oiseau de proie, par exemple, en dehors des conditions de l'arrêté préfectoral, alors
même qu'ils le trouveraient attaquant une pièce de
gibier, car c'est le dommage aux propriétés qui seul

7

autorise l'infraction à l'arrêté, et le gibier n'est la propriété de personne.

Dans les dispositions des arrêtés relatifs aux oiseaux de passage, gibier d'eau, et animaux malfaisants, les préfets devront être en garde contre les abus et les empiétements. En plaçant ces trois matières en dehors du droit commun de la chasse, et en laissant aux préfets le soin de les réglementer, le législateur a compris qu'elles renfermaient d'infinies variétés, et par là même qu'il était impossible de les soumettre à des règles uniformes : les préfets feront donc à cet égard des lois diverses en quelque sorte, mais ils ne doivent pas perdre de vue les grands principes et les dispositions qui sont le fondement de la loi générale, afin que ces principes et ces dispositions ne puissent pas être mis en oubli et violés par les chasseurs ; il ne faut pas que la loi générale soit détruite par les règlements spéciaux qu'elle autorise. Ainsi, par exemple, en ce qui touche les oiseaux de passage, il ne s'agit pas pour les préfets d'autoriser d'une manière générale la chasse de ces oiseaux en temps prohibé ; dans chaque département, les passages varient quant à l'époque ; dans beaucoup ils varient quant aux espèces ; dans presque tous, ils varient quant aux modes et procédés de chasse. Chaque préfet, entouré de son conseil général, et au besoin renseigné par les hommes compétents, doit savoir quels sont les oiseaux de passage qui traversent son département, à quelles époques ces passages ont lieu, combien de temps ils durent, quel est le procédé de chasse généralement usité pour telle ou telle espèce de ces oiseaux. Son arrêté sera l'expression de ce qu'il aura recueilli de renseignements authentiques sur ces divers points : il fixera l'ouverture de la chasse, pour tel oiseau à telle époque, pour tel autre à une autre époque; il déterminera tel mode de chasse pour telle espèce, tel autre procédé pour telle autre espèce. Son premier soin doit être de spécifier exactement et l'oiseau dont il autorise la chasse à telle époque, et le procédé qu'il permet ; il doit s'attacher à n'autoriser que les procédés consacrés en quelque sorte par un légitime usage, et prendre surtout les mesures nécessaires pour que ces procédés, quand ils ne sont pas le fusil, ne puissent servir qu'à la chasse spéciale pour laquelle ils sont autorisés, et ne puissent devenir un instrument de braconnage. — Ce point est fondamental, sous l'empire d'une loi qui ne reconnaît en général d'autres modes de chasse que le fusil et les chiens, qui prohibe formellement tous autres moyens de chasse, et qui punit les détenteurs de filets et engins prohibés. Si l'on veut que ces dispositions, si importantes, qu'elles sont en réalité toute la loi sur la police de la chasse, soient sérieuses, et qu'elles ne soient pas chaque jour audacieusement et scandaleusement violées, il est indispensable qu'en déterminant avec soin les instruments et engins qu'ils autorisent pour la chasse de tel ou tel oiseau de passage, les préfets prescrivent des mesures pour que ces instruments et engins ne puissent servir, comme nous venons de le dire, qu'à la chasse spéciale pour laquelle ils sont autorisés ; il est de leur prudence aussi de ne permettre l'usage des procédés destructeurs, que pour les oiseaux de passage dont la chasse constitue une véritable industrie locale.

En ce qui concerne les espèces de gibier d'eau qui ne sont pas de passage, les préfets ne doivent pas perdre de vue qu'ils n'ont à déterminer que l'époque de la chasse, et cela, de même que pour les oiseaux de passage, dans le cas, mais dans le cas seulement où il serait nécessaire de fixer une époque autre que l'époque générale de la chasse.

A l'égard des animaux malfaisants ou nuisibles, ce n'est plus une chasse qu'il s'agit de régler, c'est un simple droit de destruction dont il faut déterminer les conditions d'exercice. Les préfets doivent indiquer les espèces, préciser le mode de destruction autorisé et éviter avec soin de permettre tout procédé qui pourrait constituer une véritable chasse. Il est évident, par exemple, que l'arrêté ne pourrait autoriser la chasse à courre, car sous le prétexte de permettre la destruction du loup et du sanglier, on autoriserait en réalité la chasse et la destruction du gibier et des récoltes. La loi de 1790 elle-même ne permettait pas un tel abus du droit.

Il faut, pour être fidèle à la pensée comme à la lettre de la loi, que le procédé autorisé soit un procédé de destruction, non un procédé de chasse ; les préfets déterminent les conditions de l'exercice du droit, cela comprend d'abord la désignation des modes de destruction, et aussi des lieux, de l'époque, des heures mêmes où les animaux nuisibles pourront être détruits. Le mot : *sur ses terres*, inséré dans le paragraphe, ne veut pas dire en effet que, de plein droit, les animaux nuisibles puissent être détruits, aux termes de l'arrêté, sur toutes les terres du propriétaire, du possesseur et du fermier ; cela veut dire seulement que ce droit ne peut jamais être exercé sur les terres d'autrui. Les préfets peuvent assurément encore fixer d'autres conditions, et par exemple imposer l'obligation d'une déclaration préalable soit à la préfecture, soit à la mairie ; la nature des conditions est abandonnée à leur appréciation. Nous croyons toutefois qu'ils ne pourraient point imposer l'obligation d'un permis de chasse, par la raison même qu'ils ne s'agit point ici d'une chasse, mais d'un simple droit de destruction.

Après s'être occupé des arrêtés obligatoires des préfets, l'art. 9 s'occupe d'arrêtés facultatifs :

1° Pour prévenir la destruction des oiseaux ;

2° Pour autoriser l'emploi des chiens lévriers pour la destruction des animaux malfaisants et nuisibles ;

3° Pour interdire la chasse pendant les temps de neige.

La première question qui se présente est celle de savoir si ces arrêtés devront être précédés de l'avis des Conseils généraux, comme les arrêtés obligatoires. Quelques motifs qu'on puisse donner à l'appui de la négative, nous croyons que le texte est assez précis pour ne pas permettre cette solution. *Ils pourront prendre également des arrêtés ; ils pourront*, de qui parle la loi ? des préfets, sans doute, mais des préfets dont elle a parlé dans le paragraphe précédent ainsi conçu : *les préfets des départements, sur l'avis des Conseils généraux, prendront des arrêtés pour déterminer, etc.;* lors donc qu'elle ajoute : *ils pourront prendre également des arrêtés ;* n'est-il pas évident qu'elle n'innove point sur le mode et les conditions de ces arrêtés, et que l'avis du Conseil général doit éclairer *également* les préfets dans le second comme dans le premier cas. Il faut remarquer, d'ailleurs, que cet avis ne sera pas moins utile pour les matières à régler par les arrêtés facultatifs que pour les objets dont s'occuperont les arrêtés obligatoires, et que, précisément même parce qu'il s'agit ici d'arrêtés facultatifs, il importe que le Conseil général apporte au préfet la juste influence des intérêts qu'il représente, sur le point de savoir s'il y a lieu de prendre ou de ne pas prendre un arrêté.

Pour prévenir la destruction des oiseaux. Nous avons déjà dit que le droit des préfets, dicté par les intérêts de l'agriculture, était ici sans limites : non-seulement ils pourront interdire de prendre des œufs et couvées d'oiseaux, de vendre, de mettre en vente, de colporter et de transporter des oiseaux pendant le temps prohibé, mais ils pourraient également, si la nécessité leur en était démontrée, interdire la chasse des oiseaux d'une manière absolue. A cet égard la loi s'en rapporte à leur discrétion, s'en remet à leur sagesse éclairée par l'avis des Conseils généraux.

Pour autoriser l'emploi des chiens lévriers pour la destruction des animaux malfaisants et nuisibles.

Il résulte de cette disposition que la chasse aux chiens lévriers est essentiellement prohibée, et cela résultait déjà du premier paragraphe de l'article que nous examinons, car cette espèce de chasse n'a jamais pu être considérée comme une *chasse à courre*. Les préfets pourront seulement autoriser l'emploi de ces chiens, non pour la chasse, mais pour la *destruction* des animaux nuisibles; et ici nous trouvons la confirmation de cette idée que nous émettions tout à l'heure, qu'en réglementant les procédés pour la destruction des animaux malfaisants, les préfets doivent éviter avec soin d'autoriser quelque chose qui serait un mode de chasse. Si en effet telle n'eût point été là pensée de la loi, il eût été assurément inutile de donner aux préfets le droit de permettre l'emploi des chiens lévriers pour la destruction des animaux nuisibles, puisque ce pouvoir eût été déjà compris dans l'obligation qui leur est imposée, d'une manière générale, de réglementer cette destruction. Mais il a fallu un paragraphe spécial pour les chiens lévriers, parce qu'un tel procédé ressemble beaucoup à un procédé de chasse.

Pour interdire la chasse pendant les temps de neige. La chasse, si d'ailleurs elle est ouverte, sera donc permise dans les temps de neige, à moins que l'arrêté du préfet ne l'ait interdite : c'est à ces administrateurs à savoir s'il y a eu abus de la chasse pendant les neiges, et à l'interdire par avance s'ils croient cette mesure utile. Cette utilité sera incontestable dans un grand nombre de départements et spécialement dans les pays de plaine.

Il ne nous reste plus qu'à examiner si la force exécutoire des arrêtés préfectoraux, dont nous venons de parler, est soumise aux conditions de publicité préalable, telles qu'elles sont déterminées par l'art. **3** de la loi. L'affirmative ne nous paraît point douteuse; les raisons de décider sont les mêmes dans les deux cas de l'art. 3 et dans les deux cas de l'art. **9,** et on chercherait vainement, ce nous semble, une raison de distinguer.

Art. 10.

Des ordonnances royales détermineront la gratification qui sera accordée aux gardes et gendarmes rédacteurs des procès-verbaux ayant pour objet de constater les délits.

On agita à la Chambre des pairs la question de savoir si ces expressions garde et gendarme étaient limitatives, ou si au contraire les gratifications accordées par l'article 10 devraient être accordées à toutes les personnes qui, comme nous le verrons plus bas, ont, aux termes des art. 22 et 23, le droit de constater par procès-verbaux les délits de chasse.

Cette dernière interprétation fut rejetée, et il reste bien entendu que les simples gardes seuls, et les gendarmes y auront droit, à l'exclusion de tous autres, et notamment des sous-officiers de gendarmerie, des gardes, brigadiers, ou des gardes généraux et des employés des contributions indirectes et des octrois.

SECTION DEUXIÈME.

Des Peines.

Art. 11.

Seront punis d'une amende de 16 à 100 francs,

1° Ceux qui auront chassé sans permis de chasse,

2° Ceux qui auront chassé sur le terrain d'autrui sans le consentement du propriétaire.

L'amende pourra être portée au double si le délit a été commis sur des terres non dépouillées de leurs fruits, ou s'il a été commis sur un terrain entouré d'une clôture continue faisant obstacle à toute communication avec les héritages voisins, mais non attenant à une habitation.

Pourra ne pas être considéré comme délit de chasse le fait du passage des chiens courants sur l'héritage d'autrui, lorsque ces chiens seront à la suite d'un gibier lancé sur la propriété de leurs maîtres, sauf l'action civile, s'il y a lieu, en cas de dommage ;

3° Ceux qui auront contrevenu aux arrêtés des préfets concernant les oiseaux de passage, le gibier d'eau, la chasse en temps de neige, l'emploi des chiens lévriers, ou aux arrêtés concernant la destruction des oiseaux et celle des animaux nuisibles ou malfaisants ;

4° Ceux qui auront pris ou détruit, sur le terrain d'autrui, des œufs ou couvées de faisans, de perdrix ou de cailles ;

5° Les fermiers de la chasse, soit dans les bois soumis au régime forestier, soit sur les propriétés dont la chasse est louée au profit des communes ou établissements publics, qui auront contrevenu aux clauses et conditions de leurs cahiers des charges relatives à la chasse.

Après avoir, dans sa première section, déterminé à quelles conditions et dans quelles limites le droit de chasse peut être exercé légitimement et sans que cet exercice soit un délit, la loi, dans la seconde section, fixé à quelles pénalités soumettront leurs auteurs, les faits de chasse qui auront lieu en dehors de ces conditions et de ces limites. La loi du 30 avril 1790 ne prévoyait que deux infractions : la chasse sur le terrain d'autrui, et la chasse en temps prohibé, et selon que ces deux infractions avaient été commises sur des terrains ouverts ou sur des terrains clos et tenant à une habitation : elle les punissait, dans le premier cas, d'une amende de 20 livres; d'une amende de 45 livres dans le second, et enfin dans le troisième, d'une amende de 60 livres; mais ces amendes, variant suivant la nature de chacun de ces délits, étaient inflexibles quelle qu'en fût la gravité; et les tribunaux étaient contraints d'appliquer la même peine au propriétaire qu'un moment d'ardeur avait entraîné sur le champ de son voisin, et au braconnier qui jamais n'avait chassé que sur l'héritage d'autrui. La loi nouvelle a été plus prévoyante et plus équitable, et après avoir déterminé d'une manière bien plus complète quels faits seront désormais des délits, non-seulement elle applique à ces délits des peines différentes suivant que leur nature est plus ou moins grave, mais elle fixe à chacune de ces peines un minimum et un maximum, qui permettront dorénavant de ne pas confondre dans la même répression le délit commis accidentellement et le délit d'habitude.

Les art. 11, 12 et 13 renferment tout le système répressif de la loi ; chacun d'eux contient une catégorie, et dans l'une ou l'autre de ces catégories viennent se placer, selon leur plus ou moins d'importance, tous les délits qu'elle prévoit et qu'elle punit.

C'est aux moins graves que sont consacrés les cinq paragraphes de l'art. 11 ; ils sont punis d'une amende qui, suivant les circonstances dans lesquelles ils auront été commis, et, suivant aussi le plus ou moins d'intérêt dont seront dignes leurs auteurs, pourra varier de seize à cent francs.

Mais avant d'entrer dans le détail des dispositions de cet article, il est bon d'examiner ici une question qui se rattache à l'ensemble des trois articles, et qui a été bien plutôt soulevée que résolue dans la discussion qui a eu lieu à la Chambre des députés, celle de savoir si, en matière de délits de chasse, l'intention devra être regardée comme un des éléments constitutifs du délit.

Il semble qu'à cet égard il ne saurait guère y avoir de doute. On sait en effet que si le défaut d'intention coupable ne peut être qu'un motif d'atténuation de la peine en matière de contravention, il peut être un motif d'acquittement en cas de crimes ou de délits ; or, les infractions à la loi en matière de chasse, constituent de véritables délits, et non de simples contraventions ; c'est un point de doctrine qui résulte aussi formellement des textes que de la jurisprudence. L'infraction que les lois punissent des peines de simple police, est une contravention, dit l'art. 1er du Code pénal ; et il ajoute, l'infraction que les lois punissent de peines correctionnelles est un délit. Quelles sont, d'ailleurs, les peines correctionnelles ? Ces peines sont celles dont le maximum excède, soit quant à la durée de l'emprisonnement, soit quant à la quotité de l'amende, le maximum des peines de simple police. Or, comme le maximum de l'emprisonnement en matière de simple police est de cinq jours, et le maximum de l'amende de quinze fr. ; et comme, en fait, ce n'est pas seulement le maximum, mais même le minimum des amendes prononcées par la loi de la chasse, qui excède 15 francs ; que, d'un autre côté, les art. 12 et 13 de cette loi prononcent, en outre, un emprisonnement facultatif, qui peut s'élever de six jours à deux ans; il faut conclure que les infractions en matière de chasse sont de véritables délits. La jurisprudence d'ailleurs s'est prononcée en ce sens, et la cour de cassation, dans un arrêt rendu le 21 mars 1822, sous l'empire de l'ancien Code pénal, a été jusqu'à décider que le meurtre commis en même temps qu'un délit de chasse, entraînait la peine de mort. En présence de textes aussi formels et interprétés d'une manière si rigoureuse, il est donc impossible de partager l'opinion d'un de MM. les membres de la Chambre des députés, qui se demandant, pendant la discussion de la loi actuelle, et à la séance du 18 février 1844, quelle matière réglementait la Chambre, répondait: « Je crois que la matière que nous réglementons en ce « moment se réfère à beaucoup d'égards à la contra- « vention; et bien que nous disions délits de chasse, il « est évident que ces délits ne sont le plus souvent que « des contraventions.» Il faut, au contraire, tenir pour constant, et cela, d'ailleurs, est aussi conforme à l'esprit qu'aux textes de notre législation pénale, que les infractions aux lois sur la chasse constituent, non pas seulement des contraventions, mais des délits.

Ce qui nous paraît résulter de là forcément, c'est qu'en matière de délits de chasse, comme quand il s'agit de tous autres délits, le défaut d'intention coupable peut et doit être un motif d'acquittement quand il est prouvé, et qu'il n'existe pas ici de raisons pour mettre les délinquants hors du droit commun. La commission de la Chambre des députés ne paraît pas cependant avoir partagé ce sentiment, car examinant la question de savoir si l'art. 463 du Code pénal relatif à l'admission des circonstances atténuantes serait applicable aux délits prévus par la loi actuelle, elle s'exprimait ainsi par l'organe de son honorable rapporteur. « On n'a pas contesté qu'en règle générale cet article, l'art. 463, inséré dans un code qui contient toute notre législation pénale en ce qui concerne les délits communs, n'est point appliqué dans les matières qui sont régies par les lois spéciales. On a reconnu que dans la répression des délits communs, le juge avait à examiner non-seulement le fait matériel, mais encore à apprécier la question d'intention, tandis que lorsqu'il s'agissait d'un délit de chasse, le fait seul constituait la contravention. » L'argument avait d'ailleurs d'autant moins de force que l'art. 463 du Code pénal est applicable aux contraventions de police.

L'opinion de l'honorable rapporteur fut en effet contestée plus tard : et dans le cours de la discussion qui s'engagea sur l'art. 11, M. Peltereau de Villeneuve, ayant proposé un amendement dont le but était d'établir que le fait du passage des chiens sur l'héritage d'autrui, quand ils courraient à la suite d'une pièce de gibier lancée sur les terres de leur maître, ne constituerait pas un délit imputable à celui-ci, M. Pascalis, membre de la commission, en combattant cet amendement, s'exprimait en ces termes : « Quand il s'agit de délits de chasse, le tribunal qui est appelé à prononcer examine deux choses, le fait et l'intention ; car ce n'est que devant les tribunaux de simple police que le fait seul détermine la condamnation. Dans la matière qui nous occupe, au contraire, il faut que le chasseur ait contrevenu à la loi non-seulement par le fait, mais encore par l'intention. — S'il est donc parfaitement démontré au tribunal correctionnel que c'est sans la volonté du chasseur, malgré lui, que ses chiens, entraînés par l'ardeur de la poursuite, sont allés sur le terrain d'autrui, il n'y a pas de délit. — Il peut y avoir des propriétés auxquelles il a fait dommage ; on devra des dommages-intérêts, des indemnités, mais il n'y aura pas de condamnation. Il n'est pas nécessaire d'écrire cela dans la loi ; cela y est écrit par cela seul qu'on dit qu'on ne punira que ceux qui commettront des délits de chasse. »

La contradiction semblait flagrante : elle ne pouvait passer inaperçue, et des explications furent de-

mandées sur ce point à la commission. Voici celles qu'à la séance du 26 février 1844 donnait en son nom l'honorable M. Lenoble, son rapporteur : « Il
« est vrai que l'opinion du rapporteur, et c'est celle
« de la commission, est qu'en matière de contraven-
« tion et de délit de chasse l'intention ne peut être
« présentée comme une excuse ; mais il n'en résulte
« pas qu'il n'y ait pas nécessité d'examiner le fait en
« lui-même, d'en apprécier les circonstances, afin de
« reconnaître si ses éléments constituent un délit.
« Dans cet examen, le juge recherchera si le fait a été
« le résultat de la volonté de celui auquel il sera im-
« puté; mais il ne recherchera pas s'il y a eu intention
« de commettre ou de ne pas commettre un délit :
« c'est en ce sens que le fait seul constitue la contra-
« vention.—Ainsi, si je voulais citer un exemple, je
« dirais que dans le cas où des chiens s'échappant
« d'un chenil, parcourront la campagne, lanceront
« une pièce de gibier et la suivront, il n'y aura
« pas de délit de chasse imputable au propriétaire
« des chiens, s'il ne les suit pas ou ne les fait pas sui-
« vre pour tuer ou prendre le gibier. Pourquoi?
« parce que, dans ce cas, il n'y a pas acte résultant
« de sa volonté, et qu'il n'y a pas de fait de chasse.—

« Mais si dans une circonstance semblable ou toute
« autre, ce propriétaire parcourt en chassant la pro-
« priété d'autrui, croyant parcourir la sienne, son
« erreur, qui pourtant implique sa bonne foi, par
« conséquent son défaut d'intention, ne sera pas ad-
« mise comme une excuse, parce que son fait, résul-

« tat d'une volonté libre, est un acte de chasse ca-
« ractérisé.

« C'est dans ce sens que la commission a exprimé
« son opinion; c'est dans ce sens qu'elle la main-
« tient, etc. »

Ainsi, dans le système de la commission, en présence d'un fait de chasse qualifié délit, une seule
distinction est admissible : est-il ou n'est-il pas un
acte de la libre volonté de celui à qui on l'impute ;
dans ce dernier cas, il n'y a pas de condamnation
à prononcer, et en vérité c'est bien le moins : dans
le premier au contraire, quand même l'inculpé
parviendrait à établir d'une manière irrécusa-
ble, que le fait qu'on lui reproche est le résultat
d'une erreur tout à fait involontaire, qu'en mar-
chant sur le terrain d'autrui il croyait encore fer-
mement être sur le sien, il serait passible, non pas
seulement de dommages et intérêts, cela va de soi,
mais d'une peine correctionnelle; c'est-à-dire qu'en
matière de délits de chasse, qui, cependant, ne sont
pas, il faut en convenir, les plus graves parmi les
délits, la loi refuserait aux délinquants, par une
exception que rien ne saurait justifier, le bénéfice
du droit commun.

Nous ne pouvons admettre cette doctrine, et nous
croyons qu'il faut s'en tenir à l'opinion de M. Pascalis, parce que seule elle a sa base dans les principes
mêmes de notre droit criminel, auxquels l'opinion contraire serait une dérogation sans motif.

Cela dit, il faut revenir à l'article 11 :

Seront punis d'une amende de seize à cent fr.,
dit-il.

1° Ceux qui auront chassé sans permis de chasse;

Nous avons signalé, sous l'article 1ᵉʳ, la différence qui existe entre les termes du décret du 4
mai 1812, qui exigeait que le chasseur justifiât de
son permis de port d'armes, et la rédaction nouvelle, plus vague, et moins précise ; nous avons dit
quelles étaient les conséquences qu'on devait, suivant nous, tirer de cette différence de rédaction,
nous n'y reviendrons pas ici, et nous nous conten-
tons d'y renvoyer le lecteur.

2° *Ceux qui auront chassé sur le terrain d'autrui
sans le consentement du propriétaire.*

Nous avons déjà fait remarquer, en nous occupant
de l'art. 1ᵉʳ, et nous insistons à cet égard, parce que la
distinction est fondamentale, qu'il ne faut pas conclure de ces termes qui semblent corrélatifs, *le terrain d'autrui et le propriétaire,* que ce soit toujours le consentement du propriétaire du terrain,
qui soit nécessaire pour chasser sur ce terrain, et
que ce consentement soit toujours suffisant. Le propriétaire du terrain sera sans doute le plus souvent
possesseur du droit de chasse sur ce terrain ; mais
s'il avait aliéné ce droit, ou que par quelque raison
que ce fût, ce droit appartînt à un tiers, c'est de
ce tiers, et de ce tiers seul qu'il faudrait obtenir
le consentement. Non-seulement celui du propriétaire du terrain serait inutile, mais la plainte de ce
dernier ne pourrait pas même, comme nous le

verrons plus tard , et à propos de l'art. 26, provoquer l'action du ministère public. Toutefois, si un tiers de bonne foi chassait sur un terrain, fort du consentement du propriétaire de ce terrain, devrait-il être condamné sur la plainte du possesseur du droit de chasse ? Nous ne le pensons pas ; c'est ce qui a déjà été jugé sous l'empire de l'ancienne législation , et les motifs de décider restent les mêmes ; il ne saurait y avoir de délit là où l'intention de le commettre aurait si manifestement manqué.

L'amende pourra être portée au double, si le délit a été commis sur des terrains non dépouillés de leurs fruits.

Plusieurs observations sont ici nécessaires : le second paragraphe de l'art. 11 prévoit et punit un délit, celui de chasse sur le terrain d'autrui sans le consentement du propriétaire : nous venons de dire ce qu'il fallait entendre par ces mots ; il spécifie ensuite des cas où ce délit pourra être plus grave, et c'est au premier de ces cas que s'applique l'alinéa que nous rappelons ; il faut donc bien se garder d'y voir une disposition analogue à celle du paragraphe second de l'art. 1er de la loi du 30 avril 1790, qui faisait un délit spécial, imputable aussi bien au propriétaire qu'à des tiers, de la chasse sur des terres non entièrement dépouillées de leurs fruits. Il n'en est plus de même aujourd'hui : chasser sur des terres couvertes de récoltes, c'est un fait qui n'a rien d'illicite en soi ; nulle part la loi nouvelle ne le défend d'une manière formelle ou même im-

plicite ; c'est le défaut du consentement de celui
à qui le droit appartient qui fait le délit, la circon—
tance des fruits pendant par racine, peut seulement,
et suivant les cas, être aggravante.

Le plus souvent, et quand le propriétaire des récoltes sera en même temps possesseur du droit de
chasse, cette disposition, dans son exécution, éprou-
vera d'autant moins de difficultés, que le consentement du propriétaire ne se présumant pas lorsqu'il
s'agira de chasse sur des terres couvertes de fruits,
le délit sera poursuivi d'office par le ministère public ; mais il arrivera souvent aussi, et ce cas doit
être prévu, que le propriétaire des récoltes, par
exemple un fermier, ne sera pas en même temps
possesseur du droit de chasse. Il est bien évident
que le délinquant alors ne pourra pas échapper à
toute peine, en justifiant de la permission qui lui
aurait été accordée par le possesseur du droit de
chasse, ou en établissant qu'il est le possesseur lui-
même : ces justifications suffiront bien pour le
mettre à l'abri d'une condamnation pour délit de
chasse, mais le fermier, dont les récoltes auront été
foulées aux pieds, pourra user du droit à lui conféré par l'art. 475, paragraphe 9 du Code pénal, et
se faire allouer les dommages et intérêts qui lui seront dus.

La loi ne dit pas *l'amende sera portée au double*,
mais seulement *pourra être portée au double*, et cette
rédaction donnera aux magistrats une liberté d'appréciation qu'ils n'avaient pas sous le règne de

l'ancienne législation. Alors, chasser sur un terrain non dépouillé de fruits, c'était un délit, quel que fût d'ailleurs le dommage, n'y en eût-il pas même de causé ; on pouvait conclure de là que la chasse n'était en réalité permise que sur les terres absolument nues, puisqu'en définitive toutes les productions du sol sont des fruits, soit naturels, soit industriels : une interprétation semblable ne limitait pas l'exercice de la chasse, elle l'interdisait ; elle ne sera plus possible aujourd'hui, car il est bien certain que par l'introduction du mot *pourra*, la loi a voulu dire que l'aggravation facultative qu'elle permet, ne devra être prononcée par les juges que quand un véritable dommage aura été causé, parce que c'est alors seulement que le délit aura été plus grave, et la question ne sera plus maintenant de savoir quels produits de la terre devront ou non être considérés comme des fruits, elle sera tout entière dans l'examen de la réalité et de l'étendue du dommage : là où il n'y en aura pas eu, là il ne devra pas y avoir aggravation de la peine ; et nous déciderions, d'après ce principe, que si, muni du consentement du propriétaire des fruits, un individu chassait sans s'être assuré du consentement du possesseur du droit de chasse, ce ne serait pas le paragraphe deuxième, mais le paragraphe premier de l'art. 11 qui devrait lui être appliqué.

Ou s'il a été commis sur un terrain entouré d'une clôture continue, faisant obstacle à toute communi-

*cation avec les héritages voisins, mais non attenant
à une habitation.*

C'est encore là une circonstance qui, selon les cas,
pourra aggraver le délit de chasse sur le terrain
d'autrui sans son consentement. Nous ne reviendrons pas d'ailleurs sur l'explication que nous avons
donnée sous l'art. 2, de ce qu'il fallait entendre,
selon nous, par clôture continue faisant obstacle à
toute communication avec les héritages voisins, et
nous persistons à penser que, si le fait de chasse sans
le consentement du propriétaire a eu lieu sur un
terrain clos seulement par des barrières, par des
fossés, par des haies clairsemées, quoique continues,
même par ces murs en pierre sèche qui s'élèvent à
peine à un mètre, et qui, dans certaines contrées,
limitent les héritages; sur un terrain, en un mot,
dont la clôture permettrait une communication quelconque avec le fonds voisin, ce fait constituera bien
le délit prévu par le § 2, mais ne devra en aucune
manière être aggravé par la situation du terrain sur
lequel il se sera passé. Nous aurons occasion, d'ailleurs, en nous occupant de l'art. 13, de rappeler une
discussion engagée à propos de cet article à la Chambre des Députés, et de laquelle résulte pour nous la
preuve qu'on ne saurait donner à l'art. 2, sans dénaturer la pensée du législateur, une autre interprétation que celle que nous lui avons donnée nousmême.

Pourra ne pas être considéré comme délit de chasse

le passage des chiens courants sur l'héritage d'au-
trui, lorsque ces chiens seront à la suite d'un gibier
lancé sur la propriété de leur maître, sauf l'action
civile, s'il y a lieu, en cas de dommage.

Ce paragraphe a été inséré dans le projet par la
Chambre des Députés, après une discussion dont
nous devons rendre compte, et qui en expliquera
la portée.

Il semble d'abord qu'il était complétement inutile : l'art. 9 de la loi considère la chasse à courre
comme un exercice légitime du droit de chasse, et
par cela même paraît avoir résolu la question que
l'art. 11 ne soulève que pour la laisser indécise ; il
n'y a pas en effet de chasse à courre possible, si l'on
peut qualifier délit, le simple fait du passage des
chiens courants sur l'héritage d'autrui : chacun sait
que le chien courant chasse pour son compte, qu'il
n'est en aucune façon aux ordres de son maître ;
qu'il suit la piste du gibier partout où elle le mène ;
que la volonté du chasseur serait impuissante à s'y
opposer, et que celui-ci n'est pas plus maître du
chien après l'attaque, qu'il ne l'est du gibier lancé
par le chien ; il devait donc paraître évident qu'on
ne pouvait raisonnablement punir le chasseur pour
un fait qui ne dépend point de lui, alors surtout
qu'on légitimait un mode de l'exercice du droit de
chasse dont ce fait était la conséquence nécessaire.
D'ailleurs, sous l'empire de la loi du 30 avril 1790,
ce fait n'avait jamais constitué un délit, et jamais
on n'avait regardé comme punissable le passage des

chiens seuls sur l'héritage d'autrui. A cet égard nulle controverse n'existait dans la jurisprudence; elle était fort divisée sur le droit de suite, proprement dit, mais elle ne l'avait jamais été sur le point de savoir s'il y avait délit quand les chiens passaient seuls sur le fonds d'autrui, et que le chasseur ne les suivait pas. On avait constamment décidé la négative.

Cependant un député, M. Peltereau de Villeneuve, ne regardant pas encore cette jurisprudence comme une garantie suffisante, se préoccupant peut-être aussi d'un passage déjà cité du rapport de M. Lenoble, craignit pour l'avenir de la chasse à courre, s'il n'était pas expressément stipulé dans la loi, comme cela suivant nous y était complétement quoiqu'implicitement renfermé, que le passage des chiens courants seuls sur le fonds d'autrui ne constituerait pas un délit; et il proposa dans ce sens un amendement.

Après une vive discussion, cet amendement fut rejeté. Il était évident qu'après ce rejet les destinées de la chasse à courre pouvaient paraître compromises, et que les choses n'étaient plus dans le même état qu'avant la présentation de l'amendement. En effet, il était permis de craindre qu'en présence d'une loi qui avait refusé de déclarer que le passage des chiens courants à travers l'héritage d'autrui ne serait pas un délit, les tribunaux ne fussent amenés à conclure que ce passage était un délit, et si une jurisprudence nouvelle venait à se former en ce sens, évidemment c'en était fait de la chasse à courre :.

pour prévenir ce danger, M. de Morny, à la séance du lundi 19 février 1844, présenta un nouvel amendement, c'est celui qu'adopta la Chambre, et qui est devenu le paragraphe que nous analysons.

Les choses en étaient là quand la loi amendée par la Chambre des députés revint pour subir une discussion nouvelle devant la Chambre des pairs.

La Commission chargée d'examiner le projet, crut avec raison, en présence de l'amendement de M. Peltereau de Villeneuve, et de celui de M. de Morny, devoir donner la préférence au premier malgré le rejet de la Chambre des députés.

« Le projet, disait le rapporteur, déclare que le « fait du passage des chiens courants sur l'héritage « d'autrui, pourra ne pas être considéré comme délit « de chasse, lorsque ces chiens seront à la suite d'un « gibier lancé sur la propriété de leurs maîtres, sauf « l'action civile, s'il y a lieu, en cas de dommages. « Il résulterait de cette rédaction, Messieurs, que « le fait spécifié dans cet article serait en général « un délit, et que les circonstances laissées à l'entière «' appréciation des tribunaux, pourraient seules lui « faire perdre ce caractère. Votre commission ne peut « approuver une pareille disposition, dont le premier « inconvénient serait de laisser dans l'incertitude et « le vague la nature légale du fait, de ne lui impri- « mer aucun caractère, et d'abandonner aux magis- « trats la tâche impossible d'en faire un délit, ou de « l'absoudre à leur gré. » Puis après avoir démontré, par les motifs que nous avons rappelés plus haut, que le principe qu'on voulait introduire dans la loi, au moyen de l'amendement, y était implicitement compris, le rapporteur continue en ces termes :

« Vous n'aviez point, Messieurs, inséré dans la
« loi la consécration formelle de ce droit, parce qu'il
« vous paraissait résulter clairement des dispositions
« de l'art. 9, et que la jurisprudence d'ailleurs l'a
« constamment et partout reconnu; mais il devient
« nécessaire de l'écrire pour éviter la confusion qui
« pourrait en être faite avec ce qu'on appelle généra-
« lement le droit de suite. Cette confusion doit être
« écartée; nous ne vous demandons point de don-
« ner au chasseur le droit de suivre ses chiens, c'est-
« à-dire le droit de chasser sur le terrain d'autrui,
« mais de décider que le fait seul du passage des
« chiens courants sur l'héritage d'autrui, ne sera
« point considéré comme délit, sauf bien entendu,
« l'action civile, s'il y a lieu, en cas de dommage. »

Malgré ces considérations, l'amendement de la commission fut rejeté après deux épreuves déclarées douteuses.

Alors, M. le rapporteur, en son nom personnel, proposa le rejet de la disposition du projet, et voici les raisons qu'il donna de cette proposition :

« Il est impossible que vous placiez les chasseurs
« dans cette situation que lorsque vous leur dites
« *vous pouvez chasser à courre,* ils soient constam-
« ment dans l'incertitude de savoir si, en usant de ce

« droit que vous leur conférez, ils commettront ou
« non un délit.

« Dans l'état actuel des choses, d'après la loi qui
« nous régit, il n'y a jamais délit, quand les chiens
« passent seuls sur l'héritage d'autrui.

« Mais si vous dites : *pourra être considéré comme*
« *délit* le fait du passage des chiens, vous me lais-
« sez dans un état d'incertitude ; je ne sais si je com-
« mets ou non un délit. Or, une telle situation est
« intolérable ; je ne puis rester dans le vague et dans
« le doute. Je dois être le premier juge de mes ac-
« tions, et pour cela, il faut que je sache à l'avance
« ce que j'ai le droit de faire, et ce qui m'est inter-
« dit. Mais quand vous donnez à des juges la faculté
« de déclarer que telle chose que vous m'avez per-
« mise, sera cependant un délit ou un fait licite à
« leur volonté, je ne suis plus maître de régler ma
« conduite et mes actions, ou plutôt, par prudence,
« je dois m'abstenir. Vous m'enlevez donc le droit de
« chasse que vous m'aviez reconnu.

« Je demande donc le rejet du paragraphe,
« parce qu'alors je me retrouve placé sous les dispo-
« sitions de la loi qui nous régit, c'est-à-dire, d'une
« loi qui ne me rend pas responsable du fait de mes
« chiens, mais seulement du dommage qu'ils auront
« causé. Je comprends, en effet, et je ne puis pas ne
« pas comprendre que je dois la réparation du dom-
« mage s'il y a dommage ; cela est consacré par la loi
« et la jurisprudence. Mais je ne puis comprendre
« que vous me condamniez à l'amende, pour la con-

« séquence forcée et involontaire de ma part d'une
« faculté que vous m'accordez. Je comprends moins
« encore que vous me laissiez dans le doute sur le
« point de savoir si, dans ce cas, je suis ou je ne suis
« pas en délit, par suite, si je dois être ou non con-
« damné. »

Cette argumentation fut combattue par M. le
garde-des-sceaux : « Messieurs, disait M. le minis-
« tre, quelle a été votre intention ? C'est qu'on ne pût
« abuser de la disposition de la loi, et que le bracon-
« nier qui, après avoir lancé le gibier sur une par-
« celle de terrain qui pourrait lui appartenir, ferait
« passer ses chiens sur le terrain d'autrui pour lui ra-
« mener le gibier, pût être poursuivi et condamné. Il
« était essentiel en effet qu'il y eût dans la loi une
« disposition qui permît de poursuivre et de punir
« le fait que je viens de qualifier.

« Quant aux craintes qu'on a manifestées, je n'ai
« aucune inquiétude pour le chasseur loyal qui res-
« tera lui-même sur ses propriétés, et ne pourra em-
« pêcher ses chiens de pénétrer sur la propriété d'au-
« trui. Je ne crains pas que jamais la loi soit tournée
« contre lui; mais il faut qu'elle soit très sévère contre
« les braconniers ; qu'elle permette de les atteindre
« par tous les moyens possibles, et j'insiste par ce mo-
« tif sur le maintien du paragraphe proposé. »

Ces raisons prévalurent, et l'amendement de
M. de Morny prit place définitivement dans la loi.

Les paroles de M. le garde-des-sceaux en indiquent clairement la portée; on s'est préoccupé ou-

tre mesure, selon nous, d'un cas qui ne sera jamais qu'accidentel, et l'on s'est dit : si celui qui possède quelques ares de terrain sur la lisière d'une grande et giboyeuse propriété, lève une pièce de gibier sur cette parcelle de terre, cette pièce de gibier nécessairement, en quelques bonds, arrivera sur le domaine voisin, et il ne doit pas être permis aux chiens du petit propriétaire de l'y suivre ; leur maître abuserait bientôt de cette permission ; placé sur son terrain en embuscade, il y attendrait le passage du gibier que ses chiens auraient presque toujours lancé chez son voisin ; ce sera là vraiment du braconnage. Quand, au contraire, le gibier sera lancé par les chiens d'un grand propriétaire sur son terrain, le passage de ce gibier et des chiens sur la parcelle de terre contiguë à ce domaine, ne sera qu'un accident d'un instant, et on ne pourra pas raisonnablement présumer que ce soit sur cette parcelle de terrain que le gibier aura été lancé ; ce fait presque toujours devra être considéré comme licite. Pour notre part, nous doutons fort que la jurisprudence vienne consacrer cette doctrine, et nous pensons que les tribunaux, embarrassés par la faculté d'appréciation qu'on leur laisse, ne condamneront dans aucuns cas. De deux choses l'une, en effet, ou il sera prouvé que la pièce de gibier, poursuivie par les chiens d'un petit propriétaire sur le domaine de son voisin, a été levée sur ce domaine, et alors ce ne sera pas le passage des chiens qui sera puni, mais bien le fait de chasse sur le terrain d'autrui sans son con-

sentement; ou bien cela ne sera pas prouvé, **et**
alors la présomption sera que le gibier aura été
lancé sur le terrain du propriétaire des chiens; dans
ce cas il n'y aura pas de fait de braconnage punissable, car enfin ce n'est pas braconner que lever
sur son terrain, quelque peu d'étendue qu'il ait,
une pièce de gibier qui s'y trouve. Il y aura d'ailleurs d'autant plus de raison de présumer que le
gibier se sera levé sur le terrain du chasseur, que ce
terrain, si petit qu'on le suppose, pourra souvent,
à raison même du voisinage, donner un asile passager au gibier.

Nous persistons donc à penser qu'il eût mieux
valu, une disposition impérative, que cette liberté
d'appréciation dont les juges pourront si difficilement faire usage en toute connaissance de cause.

Les trois derniers paragraphes de l'art. **11**, ne
nous paraissent pas pouvoir soulever de difficultés
sérieuses, et ne donneront lieu, de notre part, à
aucune observation.

ART. 12.

Seront punis d'une amende de 50 à 200 francs,
et pourront en outre l'être d'un emprisonnement de six jours à deux mois,

1° Ceux qui auront chassé en temps prohibé;

2° Ceux qui auront chassé pendant la nuit ou
à l'aide d'engins et instruments prohibés, **ou par**

d'autres moyens que ceux qui sont autorisés par l'art. 9 ;

3° Ceux qui seront détenteurs où ceux qui seront trouvés munis ou porteurs, hors de leur domicile, de filets, engins ou autres instruments de chasse prohibés ;

4° Ceux qui, en temps où la chasse est prohibée, auront mis en vente, vendu, acheté, transporté ou colporté du gibier ;

5° Ceux qui auront employé des drogues ou appâts qui sont de nature à enivrer le gibier ou à le détruire ;

6° Ceux qui auront chassé avec appeaux, appelants ou chanterelles.

Les peines déterminées par le présent article pourront être portées au double contre ceux qui auront chassé pendant la nuit sur le terrain d'autrui et par l'un des moyens spécifiés au § 2, si les chasseurs étaient munis d'une arme apparente ou cachée.

Les peines déterminées par l'article 11 et par le présent article, seront toujours portées au *maximum*, lorsque les délits auront été commis par des gardes champêtres ou forestiers des communes, ainsi que par les gardes forestiers de l'État et des établissements publics.

———

L'art. 12 s'applique à une catégorie de délits beaucoup plus graves que ceux dont s'occupait l'art. 11; il ne s'agit plus ici de fautes qui peuvent être accidentelles, d'infractions légères aux dispositions réglementaires de la loi; bien au contraire, tous les délits que prévoit et punit l'art. 12 ne seront presque jamais commis que par des braconniers, dont le délit sera devenu la professsion : de là la nécessité d'une répression plus énergique, d'un emprisonnement venant dans certains cas se joindre à l'amende. Un amendement proposé sur cet article, à la Chambre des députés, avait eu pour but de fixer aux peines prononcées par l'article 12, le même minimum qu'à celles qui sont écrites dans l'art. 11; mais la Chambre, en rejetant cet amendement, a clairement fait voir que pour les délits dont l'art. 12 s'occupe, il ne fallait pas que les juges pussent être trop indulgents.

A qui d'ailleurs s'appliquent ces pénalités ?

1° A ceux qui auront chassé en temps prohibé.

Evidemment, à leur égard, la loi n'est pas trop sévère, parce que, sauf de rares exceptions, il n'y a que les braconniers qui chassent en temps prohibé; leur vie est telle, que la chasse est, sinon leur seul, au moins leur principal moyen d'existence; c'est par nécessité qu'ils s'y livrent en tout temps et chaque jour. Peu leur importe, d'ailleurs, d'exercer leurs déprédations au risque de tout détruire; les propriétaires sont seuls prévoyants, parce que seuls ils sont intéressés à l'être. Pour eux la chasse est un délassement, et non une spéculation, et on en verra bien peu sacrifier, en chassant en temps

prohibé, toutes les espérances de l'avenir. S'il en
en est, d'ailleurs, ils mériteront d'être sévèrement
punis, car ils auront violé la loi de propos délibéré,
et sans pouvoir invoquer l'excuse ou de l'entraînement ou de l'ignorance.

2° *A ceux qui auront chassé pendant la nuit.*

C'est là une vraie chasse de braconnier, une
chasse, destructive, et qui devait être prohibée;
mais que doit-on entendre par ces expressions, *la
nuit?* Il est divers modes de chasse qui s'exercent à
différentes heures : et si, par exemple les braconniers qui prennent en si peu de temps tout le gibier dont aura été peuplée une contrée, à l'aide de
ces immenses filets connus sous le nom de panneaux
et de draps de mort, exercent leur coupable industrie principalement quand la nuit est tout à fait
close, et que le gibier est endormi, il en est
d'autres qui, choisissant le moment du crépuscule,
vont sur la lisière des bois, attendre, une demi-heure
avant le lever, ou une demi-heure après le coucher
du soleil, le gibier, qui, le soir, gagne la plaine, et
rentre le matin dans sa retraite. Ce mode de chasse,
qu'on nomme affût, est fort usité, et il en est peu
de plus redoutable : ceux qui le pratiquent ordinairement connaissent à merveille les habitudes du gibier, ses passées, et préparent presque toujours à coup
sûr leurs guet-apens ; aussi nous croyons qu'encore
bien que ce soit moins pendant la nuit que pendant
les courts instants dont elle est précédée et suivie,
que se pratique ce mode de chasse, il doit être com-

pris dans ceux que proscrit le § 2, parce qu'il appartient tout à fait à la même nature, et qu'il n'est pas moins dangereux.

Pour se bien rendre compte de l'étendue des prohibitions portées dans la seconde partie du § 2, il faut se reporter aux premiers paragraphes de l'article 9. Aux termes du premier de ces paragraphes, les deux seuls modes de chasse autorisés sont la chasse à tir et la chasse à courre, toutes deux seulement pendant le jour; le second prohibe tous autres moyens de chasse à l'exception des furets et des bourses destinées à prendre le lapin. Il ne pourra donc pas exister de difficultés sur le point de savoir ce qu'on devra entendre par engins et instruments prohibés: ils le seront *tous*, sans exception, sauf bien entendu ceux dont les préfets, aux termes de la faculté qui leur est donnée par l'art. 9, auraient autorisé l'usage temporaire dans les cas prévus également par cet article. Cet usage, d'ailleurs, ne pourra s'appliquer qu'à la chasse spéciale pour laquelle il aura été permis : employés à une autre chasse, les engins redeviendraient prohibés.

3º *A ceux qui seront détenteurs ou ceux qui seront trouvés munis ou porteurs, hors de leur domicile, de filets, engins, ou autres instruments de chasse prohibés.*

Après avoir interdit d'une manière à peu près absolue la chasse avec des engins, puisque les bourses à prendre les lapins sont les seuls dont elle autorise l'usage, la loi va plus loin et déclare que le port des engins sera prohibé hors du domicile ; bien plus, que la détention de ces engins dans l'intérieur du domicile, constituera un délit. Cette disposition était le corrollaire obligé de celles qui la précèdent, elle était la seule qui pût en rendre possible l'exécution. Chacun sait, en effet, que rien n'est plus difficile que de saisir les braconniers en flagrant délit, ceux surtout qui chassent avec des filets ou des engins prohibés ; car les braconniers de cette espèce chassent pendant la nuit, et ne chassent pas seuls, ils chassent en bande.

Ils chassent en bande, parce qu'en effet une bande est nécessaire pour le transport des instruments de braconnage, pour le transport de ces énormes masses de filets ; et puis encore pour une autre raison : ils ne chassent pas seuls, parce qu'il faut qu'ils se défendent contre les gardes et les gendarmes. Il y a danger de s'approcher de cette espèce de braconniers, et voilà pourquoi il est extrêmement difficile de les saisir : la prudence exige quelquefois qu'on ne les cherche pas, aussi est-il extrêmement rare qu'on les surprenne en flagrant délit.

Il fallait donc trouver un moyen raisonnable, légitime, un moyen régulier, un moyen de droit commun, qui permît de saisir un braconnier autrement qu'en flagrant délit, sans cependant permettre aux officiers de police judiciaire d'envahir le domicile privé, et de se livrer à des perquisitions vexatoires. Ce moyen, d'ailleurs, s'est naturellement présenté à la pensée du législateur ; les instruments et engins prohibés par la loi ne peuvent servir qu'à commettre des délits de chasse; ils ne peuvent avoir d'autre utilité que celle-là ; il était tout simple dès lors de donner à la justice le pouvoir de poursuivre et de punir ceux qui en seraient nantis.

Mais deux cas pouvaient se présenter : ces instruments et engins prohibés pouvaient être saisis sur le détenteur hors de son domicile, ils pouvaient être renfermés dans l'intérieur même de sa maison. Le projet primitif, adopté par la Chambre des pairs, conforme en ce point à la loi sur la pêche fluviale, n'avait prévu que le premier de ces deux cas, et se bornait à punir *ceux qui seraient trouvés munis ou porteurs hors de leur domicile*.

Un député, M. D'Hérembault, proposa le premier d'introduire le mot *détenteur*, dans le paragraphe, et il motiva son amendement sur les raisons que nous venons de donner nous-mêmes ; mais on répondit que ce mot, *détenteur*, impliquait les visites domiciliaires, et sans discussion approfondie, l'amendement fut rejeté.

Quand la loi revint à la Chambre des pairs, la commission reprit la pensée de M. D'Hérembault, et le mot *détenteur* fut par elle inséré dans le projet soumis aux délibérations de la Chambre. Le paragraphe, en ce qui touche la disposition relative aux porteurs, ne souleva pas plus d'objections qu'il n'en avait rencontré à la Chambre des députés ; mais une discussion des plus vives s'engagea sur l'application d'une peine aux *détenteurs*.

Punir la détention des engins prohibés, disait-on, c'est passer toutes les limites, violer tous les principes du droit criminel, c'est oublier le respect dû au domicile.

Il n'y a de crime, de délit, que quand il y a action précédée ou accompagnée d'intentions mauvaises et perverses.

Lorsqu'on vous a trouvé hors de votre domicile, muni ou porteur de filets, il y a action, il y a commencement d'exécution : le braconnier est, en quelque sorte, pris en flagrant délit ; mais il n'est pas possible, sans forcer toutes les conséquences, de donner le même effet à la simple détention de filets ou engins, qui ne comporte encore ni action ni mauvaise intention. Le dépôt, ou la détention, peut n'avoir pas un mauvais principe ; il peut provenir d'un tiers, d'un père, d'un parent auquel on aura succédé. Dans tous les cas, où trouver le principe d'un délit?

Le domicile est inviolable, et il ne faut pas que, sous le prétexte qu'un homme de la campagne détient des filets, on fasse une descente chez lui ; il ne faut pas que l'homme riche, qui peut chasser dans son parc clos, même avec des filets, et chez lequel on ne fera pas de descente, dont on ne violera pas le domicile, ait sous ce rapport un privilége refusé à l'habitant des campagnes.

On peut répondre, ce nous semble, victorieusement à toutes ces objections. Et d'abord, que le mot *détenteur* soit dans le paragraphe, écrit à côté

des mots *muni* ou *porteur,* ou qu'il n'y soit pas,
les principes du droit criminel n'en seront ni
plus ni moins froissés. Quel est en effet de ces principes le plus applicable à la difficulté? C'est celui
qui veut que l'action humaine tombe seule sous
le coup de la loi. Il y a bien la tentative, mais
il faut qu'elle soit manifestée par des actes exté-
rieurs; il faut de plus qu'elle n'ait manqué son effet que par des circonstances indépendantes de la
volonté de son auteur. Or, en supprimant le mot
détenteur, il restait, et personne ne désapprou-
vait cette disposition, une peine infligée à ceux
qui seraient trouvés munis ou porteurs hors de leur
domicile, de filets ou engins prohibés, avant qu'ils
n'en eussent fait usage, avant qu'ils n'eussent chassé,
lorsque, par conséquent la tentative pouvait manquer
son effet par des circonstances dépendantes de leur
volonté, et qu'il leur était loisible de reculer encore
devant l'accomplissement du délit : c'était une première infraction aux règles générales du droit commun, et dès qu'elle était admise sans contestation
à cause de son utilité, on peut même dire de sa nécessité, il n'existait pas de motifs pour en repousser
une autre justifiable au même titre, et par les mêmes raisons.

Voilà comment peut être repoussé le premier reproche: le second n'est pas plus fondé, et il est certain que ce n'était pas méconnaître le respect dû
au domicile que d'insérer le mot *détenteur* dans la
loi.

En matière de perquisitions quels sont, en effet, les principes du droit commun? Les officiers de police auxiliaires ont-ils le droit de les pratiquer? Pas le moins du monde, excepté dans un cas que nous examinerons tout à l'heure : ce droit n'appartient qu'aux magistrats inamovibles, aux juges d'instruction. C'est là, nous le répétons, le droit commun; et par la loi nouvelle il n'y est aucunement dérogé.

Réclame-t-elle, en effet, pour les agents chargés de surveiller la police de la chasse, le droit de perquisitionner, le droit de se rendre dans le domicile pour y rechercher les instruments et engins de chasse prohibés? Non, sans doute.

Elle déclare seulement que le fait de la détention de ces instruments ou de ces engins sera un délit.

Qui constatera ce délit? Puisqu'on ne peut constater la détention qu'à domicile, ce sera évidemment le magistrat qui, aux termes du droit commun, a seul le pouvoir de pénétrer dans le domicile des citoyens, et de s'y livrer à des recherches.

Ainsi il n'y aura pas là vexation ; il n'y aura pas perquisitions faites en dehors des termes du droit commun : ce sera le magistrat inamovible qui seul pourra ordonner des perquisitions. Cela n'aura pas lieu sur la dénonciation du premier venu ; le magistrat n'ordonnera la perquisition que lorsqu'il sera à peu près sûr de l'existence du délit; ce ne sera pas sur la dénonciation d'un inconnu, mais lorsque des renseignemens positifs lui seront transmis, lorsque le maire d'une commune, lorsque le juge de paix, lorsque des propriétaires, méritant considération, lui feront connaître qu'un braconnier de profession a des filets chez lui, il ordonnera des perquisitions. S'il est ensuite prouvé, et ce sera un cas bien exceptionnel, que la détention n'a pas un mauvais principe; que les instruments prohibés viennent par exemple, d'un père décédé, il est certain qu'alors, comme le disait M. le garde-des-sceaux, on n'exercera point de poursuites ou que les tribunaux ne condamneront point. La confiscation seule devra être et sera prononcée, puisque la détention ne pourrait plus se continuer, sans cesser d'être innocente, entre les mains des détenteurs. Elle sera ordonnée dans les termes de l'art. 10, par le tribunal compétent et sur le vu du procès-verbal dressé pour constater la saisie.

Enfin, le sort des petits cultivateurs et celui des propriétaires de parcs sera le même : la détention d'un engin prohibé ne sera pas plus licite entre les mains du second qu'entre celles du premier. Si dans un parc, le propriétaire se livre à l'exercice de la chasse, nul sans doute n'a le droit de savoir ce qui s'y passe, à moins toutefois qu'il n'y ait un mandat de justice; mais si le juge d'instruction délivre ce mandat, et que l'on trouve des filets, des engins prohibés, le propriétaire du parc sera puni.

Nous avons dit qu'il était un cas où les officiers de police auxiliaires pouvaient, sans mandat du juge d'instruction, faire des perquisitions et des recherches; c'est le cas de flagrant délit, et leurs droits sont réglés à cet égard par le Code d'instruction criminelle. Le flagrant délit, on le sait, aux termes de l'art. 41 de ce Code, c'est le délit qui se commet ou qui vient de se commettre.

En cas de flagrant délit de détention, les officiers de police pourront-ils donc, sans un mandat du juge, s'introduire dans le domicile du citoyen pour y faire des perquisitions souvent vexatoires. ?

Non, sans doute; par cette raison péremptoire, qu'en fait de détention il ne saurait y avoir de flagrant délit.

Sans doute, quand un braconnier aura été vu dans un champ, sur une route, porteur ou muni d'instruments ou d'engins prohibés, son entrée dans une maison ne le mettra pas à l'abri des poursuites de l'officier de police auxiliaire du procureur du roi qui l'aura aperçu, et celui-ci pourra pénétrer dans cette maison parce qu'il aura le droit de constater le flagrant délit, soit de chasse, s'il a surpris le braconnier faisant usage de ses engins, soit de port d'instruments prohibés; mais, dans aucun cas, ce ne pourra être pour constater le flagrant délit de détention qui, encore une fois ne saurait exister. Il n'y a pas de flagrant délit de détention, c'est-à-dire que la flagrance ne peut être un des modes d'existence de ce délit, parce qu'elle est dans son essence, qu'elle en est une des conditions intégrantes; qu'il ne se conçoit point, qu'il n'existe pas sans elle. C'est un délit continu, successif, permanent, qui ne se commet pas par la volonté *actuelle* de l'homme, mais de lui-même, incessamment, lors même que cette volonté qui lui a donné naissance, a cessé de se manifester dans le même sens. Il est dans sa nature essentielle de ne pouvoir être déclaré *flagrant* que par sa constatation même, et par conséquent, en pareille matière, le flagrant délit ne pourrait jamais motiver les perquisitions des officiers de police auxiliaires, puisqu'au contraire, les perquisitions seules pourront le constater et le précèderont toujours.

Aussi en sera-t-il des délits de détention d'engins, comme du délit de détention d'armes de guerre, dont jamais les officiers de police auxiliaires n'ont cherché à constater l'existence dans l'intérieur du domicile qu'en vertu de mandats régulièrement décernés par l'autorité compétente.

4° *A ceux qui, en temps où la chasse est prohibée, auront mis en vente, vendu, acheté, transporté ou colporté du gibier.*

Nous renvoyons à l'art. 4 pour les questions que peut soulever cette disposition.

5° *A ceux qui auront employé des drogues ou appâts qui sont de nature à enivrer le gibier ou à le détruire.*

Ce paragraphe est la reproduction presque textuelle de l'art. 25 de la loi sur la pêche fluviale : il peut paraître superflu, puisque l'interdiction qu'il prononce était déjà comprise dans la disposition générale et précise du 1ᵉʳ paragraphe de l'art. 9.

6° *A ceux qui auront chassé avec appeaux, appelants ou chanterelles.*

Ce paragraphe introduit par la commission de la Chambre des pairs, a pour but de réprimer un mode de braconnage très nuisible et très usité. Le braconnier se place, peut se placer au moins sur son terrain, n'eût-il que quelques mètres de superficie, et là il trouve le moyen, avec son appeau ou sa chanterelle, d'appeler le gibier des environs; de cette façon il chasse en réalité sur le terrain d'autrui sans sortir du sien. C'est le même résultat, quoique le procédé ne soit pas le même; et c'est ce résultat qu'il fallait interdire. Une disposition spéciale était d'ailleurs nécessaire; en effet cette chasse se fait souvent avec des engins prohibés : les dispositions générales de l'art. 9 suffisaient alors pour l'interdire; mais souvent aussi elle se fait au fusil, et dans ce dernier cas, il était à craindre qu'on ne crût licite l'usage des appeaux et des chanterelles quand ils seraient venus s'ajouter à la chasse à tir.

Le paragraphe 6 prévient cette difficulté en statuant à cet égard d'une manière formelle et précise.

Les deux dernières dispositions de l'article 12 ont été puisées dans des considérations qui s'expliquent d'elles-mêmes; il était indispensable de permettre au juge d'élever au double la peine déterminée par cet article, dans le cas où le fait de chasse avec engins ou instruments prohibés, aurait eu lieu sur le terrain d'autrui et pendant la nuit, si les chasseurs étaient munis d'une arme apparente ou

cachée. Il est, en effet certain, que pour cette espèce de chasse, qui est de toutes la plus redoutable,
et qui ne se pratique que par des braconniers de
profession, les armes, non-seulement sont inutiles,
mais deviennent un embarras, et une gêne; on ne
les y porte donc que pour s'en servir contre les
agents de la force publique ou contre les gardes.
L'intention qui les a fait prendre peut appeler sur
la tête du braconnier une responsabilité plus grande,
c'est aux tribunaux qu'il appartient d'apprécier les
circonstances.

Quant aux gardes champêtres ou forestiers des
communes, ainsi qu'aux gardes forestiers de l'Etat
et des établissements publics, on ne peut se montrer trop sévère envers eux s'ils commettent les délits qu'ils ont pour mission spéciale de prévenir et
de constater; la nature même de leurs fonctions
leur interdit de se livrer à l'exercice de la chasse;
les délits commis par eux auraient donc un double
caractère de gravité. Au surplus, la disposition finale de l'article 12 n'est à leur égard, qu'une application spéciale des dispositions de l'article 198 du
Code pénal, c'est une conséquence du droit commun.

Art. 13.

Celui qui aura chassé sur le terrain d'autrui
sans son consentement, si ce terrain est attenant

à une maison habitée ou servant à l'habitation,
et s'il est entouré d'une clôture continue faisant
obstacle à toute communication avec les héritages voisins, sera puni d'une amende de cinquante à trois cents francs, et pourra l'être d'un
emprisonnement de six jours à trois mois.

Si le délit a été commis pendant la nuit, le délinquant sera puni d'une amende de cent francs
à mille francs, et pourra l'être d'un emprisonnement de trois mois à deux ans, sans préjudice,
dans l'un et l'autre cas, s'il y a lieu, de plus fortes
peines prononcées par le Code pénal.

Le délit puni par cet article est sans contredit le
plus grave de tous les délits de chasse ; c'est un délit
qui ne sera jamais commis que par les braconniers ;
cependant son adoption n'a pas eu lieu à la Chambre des Députés sans une vive discussion : plusieurs
membres trouvaient les pénalités trop sévères, et
auraient voulu qu'elles fussent abaissées. Nous devons rendre compte de cette discussion, parce
qu'elle viendra prouver encore que l'interprétation
que nous avons donnée dans l'art. 2, de ce qu'il fallait entendre par ces mots, clôture continue faisant
obstacle à toutes communications avec les héritages voisins, est bien celle que la loi elle-même a eu
en vue, et que c'est à elle aussi que les tribunaux
devront s'en tenir.

On reprochait aux pénalités de l'art. 13 d'être

exorbitantes : « Il faut, disait M. Gautier de Ru-
« milly, dans la séance du 20 février 1844, il faut
« régler l'usage de la chasse, en punir les abus, mais
« surtout dans la répression du braconnage, pro-
« portionner les peines aux délits. Il faut se rendre
« compte de la situation du sol de la France dans
« une foule de localités ; car ce n'est que par des ob-
« servations faites aux champs que l'on peut appré-
« cier les dispositions de la loi projetée.

« Eh bien, dans un grand nombre de départe-
« ments de la France, dans l'ouest, dans une partie
« de la Normandie, les enclos attenant aux habita-
« tions sont fermés par des haies vives qui laissent,
« à un endroit déterminé, un accès toujours ouvert
« pour les piétons. Supposez donc qu'un chasseur
« fasse lever une pièce de gibier d'un champ voisin,
« et que, dans son vol ou dans sa course, la pièce de
« gibier, frappée par le plomb du chasseur, tombe
« et roule de l'autre côté de cette haie, attenant à
« une habitation ; sans approuver aucunement ni le
« fait ni l'ardeur du chasseur, si celui-ci laisse son
« chien chercher, ou si lui-même va chercher, en
« passant par le passage ordinaire, et qu'on ap-
« pelle dans certains départements l'*échalier* (puis-
« qu'il faut se servir des termes techniques), croyez-
« vous qu'il faille le punir plus sévèrement que le
« voleur ? En vérité, il n'y aurait pas de proportions
« dans les délits et dans les peines. Ce serait confir-
« mer la tendance et l'esprit rétrograde du projet
« de loi.

« Vous avez cru éviter tous les inconvénients en
« cherchant à définir, dans les premiers articles de
« la loi, ce que c'était qu'une clôture : savez-vous que
« que cette définition ne saurait tout prévoir ? Sa-
« vez-vous que, dans les départements de l'ouest,
« des Cours royales ont décidé, par des arrêts, que
« les passages pratiqués, ainsi que je l'ai décidé,
« ne forment point une clôture continue, tandis
« que des arrêts de la Cour royale de Paris décident
« le contraire ? Il est donc impossible de déterminer
« tout par des définitions légales, lorsqu'il s'agit
« d'usages locaux, et de mœurs et d'habitudes di-
« verses. »

M. Luneau ajoutait à la même séance :

« Le mot *clôture*, dans votre loi, peut avoir une
« signification très étendue : Eh bien, dans les dé-
« partements où la propriété est très divisée, où
« chaque champ a une clôture, il n'est pas rare que
« dans une chasse, l'on franchisse un grand nombre
« de haies vives. On ne sait pas si on tombe dans un
« champ attenant ou non à une propriété ; l'on
« peut, d'ailleurs, s'y introduire sans y commettre
« le moindre dommage ; un chien peut, comme on
« vous l'a dit, aller chercher une pièce de gibier
« sur un terrain clos attenant à une habitation.
« Et vous voudriez que pour des faits de cette na-
« ture le minimum de la peine fût de cent francs !
« cela n'est pas possible. »

Comme on le voit, d'après ces citations, toute
l'argumentation des opposants pourrait se résu-

mer ainsi : l'article 13 dans ses termes absolus est trop sévère, alors surtout qu'il se réfère aux dispositions si vagues de l'article 2 qui définit la clôture ; il y aurait trop de rigueur à punir d'une amende de cent francs au minimum, et d'un emprisonnement facultatif, un chasseur qui, dans un instant d'entraînement, aura franchi un fossé, ou une haie vive, pour aller ramasser une pièce de gibier dans le verger dépendant d'une habitation.

Voici en quels termes répondait M. le garde des sceaux :

« Les faits prévus par cet article sont-ils donc
« aussi peu graves qu'on paraît le penser ? De quoi
« s'agit-il ? D'individus qui non-seulement *brisent*
« *ou escaladent une clôture,* mais qui la brisent ou
« l'escaladent pour entrer dans un enclos attenant à
« une maison habitée.

« Eh bien ! il est évident qu'il y a là une circon-
« stance aggravante considérable ; car, lorsque le
« chasseur, lorsque le braconnier, et ce sera bien
« souvent un braconnier qui commettra le fait dont
« il s'agit, se sera introduit dans la propriété d'au-
« trui, sa rencontre avec le propriétaire pourra
« donner lieu à des malheurs graves. Il faut donc,
« autant que possible, prévenir cette rencontre ;
« et pour cela il faut punir de peines sévères le fait
« qui nous occupe en ce moment.

« Et remarquez, Messieurs, combien notre loi a

« été indulgente pour des faits de chasse. Supposez
« un instant qu'il ne s'agisse pas de chasse, qu'il
« s'agisse d'une introduction dans un enclos atte-
« nant à une habitation pour un fait autre qu'un
« fait de chasse; supposez qu'au lieu de vouloir
« tuer un faisan, ou de vouloir s'emparer d'un fai-
« san, l'individu qui s'est introduit veuille s'empa-
« rer d'une poule, eh bien, la circonstance d'esca-
« lade ou d'effraction suffira pour entraîner né-
« cessairement la peine des travaux forcés, encore
« bien que le fait puisse souvent être moins grave
« et moins dommageable que ceux dont s'occupe
« l'article 13 ; et vous voulez que parce qu'il s'agit
« de chasse, on pousse l'indulgence jusqu'à ne pas
« même prononcer un emprisonnement purement
« facultatif ! Cela n'est pas possible.

« Je l'ai dit à la Chambre : le but de l'article est
« d'empêcher autant que possible qu'un chasseur
« audacieux, après avoir brisé des haies, après avoir
« escaladé des murs avec des armes, se trouve en
« présence du propriétaire qui pourrait être alors
« exposé à de grandes violences et à de graves dan-
« gers. Dans ce cas, il faut que le chasseur soit frappé
« d'une peine sévère; mais si le fait n'a pas été ac-
« compagné des circonstances aggravantes prévues
« par l'article, alors les tribunaux y pourvoiront;
« ce ne sera pas la peine d'emprisonnement qui
« sera prononcée, ce sera une peine beaucoup plus
« légère, une simple amende Vous laisserez donc
« aux juges une latitude suffisante. »

Le rapporteur disait de son côté :

« A quel fait cette peine,—celle de l'article 13,
« sera-t-elle appliquée? Je prie la Chambre de ne
« pas perdre de vue qu'il s'agit d'un individu qui,
« par un moyen quelconque, par escalade, par for-
« cement de clôture, est parvenu à s'introduire dans
« un terrain dont l'accès ne lui était pas permis au-
« trement; je la prie également de remarquer que
« ce terrain fait partie d'une habitation avec la-
« quelle il ne forme qu'un seul tout, qu'il est le do-
« micile. Ainsi, c'est l'introduction dans le domi-
« cile par escalade, par effraction, pour y chasser,
« que la loi punit d'une amende de 100 francs : cer-
« tes, cette peine n'est pas sévère.

« Du moment où la loi n'admet comme clôture
« que celle qui est continue et qui rend toute com-
« munication avec les héritages voisins impossible,
« il en résulte que le gibier qui se trouve renfermé
« dans cette enceinte n'est plus le gibier à l'état de
« liberté, qui appartient à tous et qui n'appartient
« à personne; il en résulte que ce gibier est la pro-
« priété de celui sur le terrain duquel il vit, car il y
« a été placé par le propriétaire du terrain. C'est
« donc un vol plutôt qu'un fait de chasse, que la loi
« doit punir en cette circonstance; et tandis que le
« vol simple est puni par le Code pénal d'un em-
« prisonnement d'un an, le projet de loi actuel ne
« prononce cependant qu'une simple amende.

« Sous un autre rapport, quelles intentions doit-
« on supposer à celui qui escalade ou perce une clô-

« ture, pour s'introduire, peut-être de nuit, dans
« une propriété considérée comme le domicile d'au-
« trui? Il sait que par le fait seul de l'escalade ou
« de l'effraction, il commet un délit grave; il sait
« qu'à cause de la proximité de l'habitation du pro-
« priétaire, il y a probabilité d'une rencontre, pos-
« sibilité d'une lutte, et il est déterminé ou à atta-
« quer, s'il n'a d'autres moyens de s'échapper, ou
« à résister par tous moyens pour ne pas être connu.
« Si la lutte arrive, elle amènera peut-être un cri-
« me, et le propriétaire paisible ou le garde de-
« viendront la victime : trop d'exemples le prou-
« vent.

« La chasse, dans de semblables circonstances,
« ne peut être tentée que par des hommes résolus
« à tout entreprendre, à tout faire; par cette classe
« d'hommes que la loi veut atteindre, et qu'elle
« doit avant tout intimider par un châtiment sé-
« vère. »

Toutes les assertions de M. le rapporteur ne nous
paraissent pas également incontestables : ainsi il n'est
pas possible de dire que dans un parc, si bien clos
qu'on le suppose, le gibier appartienne au propriétaire du parc : à l'égard des oiseaux, en effet, il est
évident qu'on ne saurait les retenir; et quant aux quadrupèdes, on ne peut pas dire non plus qu'ils appartiennent au propriétaire de l'enclos à titre privé,
puisque s'ils parvenaient, par quelque manière que
ce fût, et quand ce ne serait que pour un instant,
à s'échapper de l'enceinte, le propriétaire ne pour-

rait pas les revendiquer, et cependant un des principaux caractères de la propriété des choses mobilières, c'est de donner naissance en faveur du propriétaire à l'action en revendication.

Mais, à part cette observation, ce qui résulte positivement de la discussion que nous venons d'analyser, c'est que dans la pensée du gouvernement, dans la pensée de la commission, dans la pensée de la chambre, il n'y avait que les clôtures infranchissables, par toute autre voie que l'escalade et l'effraction, qui pussent être rangées dans la catégorie de celles dont s'occupaient les art. 2, 11 et 13 ; qu'il fallait qu'elles fussent un obstacle invincible même pour le gibier qu'elles renfermaient dans leur enceinte ; qu'aucune des clôtures dont avaient parlé MM. Gautier de Rumilly et Luneau, n'étaient des clôtures dans le sens de la loi ; il suit de là qu'on ne peut, en vérité, regarder comme telles que celles qui ont été indiquées par nous dans nos observations sur l'art. 2.

A la suite de cette discussion l'article fut voté tel qu'il existe dans la loi. La commission avait proposé de punir indistinctement d'une amende de 100 francs à 1,000 francs, et d'un emprisonnement facultatif de trois mois à deux ans, tous les faits de chasse commis sur le terrain d'autrui sans son consentement, si ce terrain était clos dans les termes de l'art. 2 ; une distinction fut établie sur la proposition de M. Vatout, et la chambre, tout en maintenant ces pénalités dans le cas où le délit aurait été commis pendant la nuit, déclara que dans le cas où il aurait été commis pendant le jour, l'amende ne serait plus que de 50 à 200 francs, et l'emprisonnement facultatif de six jours à trois mois.

Il faudrait décider selon nous, que si le délinquant résidait dans l'intérieur de l'habitation close dans les termes de l'art. 2, si, par exemple, c'était un fermier dont la ferme fût enclavée dans un parc, on ne pourrait pas lui appliquer les peines de l'art. 13; elles ont été aggravées par cela seul qu'on a pensé que les délits punis par elle seraient toujours accompagnés de violation de domicile, d'escalade ou d'effraction; or, dans l'hypothèse que nous admettons, aucune de ces circonstances aggravantes ne pourrait même se rencontrer, et nous pensons qu'on devrait appliquer les peines de l'art. 11, ou, suivant les cas, celles de l'art. 12.

Il est bien entendu d'ailleurs, et l'article dont nous nous occupons a soin de l'énoncer formellement, que si le chasseur, tout en commettant un délit de chasse, s'était en outre rendu coupable de quelqu'un des faits que prévoit et punit le Code pénal, s'il avait, par exemple, brisé une clôture, exercé des violences, fait des menaces, etc., ce ne seraient pas là seulement des circonstances constitutives du délit de chasse à lui imputé, mais il devrait être poursuivi pour autant de faits qu'il en aurait commis de défendus et de punis par la loi.

Art. 14.

Les peines déterminées par les trois articles qui précèdent pourront être portées au double si le délinquant était en état de récidive, et s'il était déguisé ou masqué, s'il a pris un faux nom, s'il a usé de violence envers les personnes, ou s'il a fait des menaces, sans préjudice, s'il y a lieu, de plus fortes peines prononcées par la loi.

Lorsqu'il y aura récidive dans les cas prévus en l'art. 11, la peine de l'emprisonnement de six jours à trois mois pourra être appliquée, si le délinquant n'a pas satisfait aux condamnations précédentes.

La récidive, le fait d'être déguisé ou masqué, celui de prendre un faux nom, aggravent, sans contredit, le délit de chasse; ce sont des circonstances qui doivent faire supposer chez le délinquant des habitudes de braconnage qui doivent rendre la justice plus sévère à son égard. Il faut en dire autant des violences et des menaces, tout en remarquant que si ces violences et ces menaces sont de la nature de celles que prévoit le Code pénal, elles devront être punies des peines qu'il prononce contre elles, et qu'elles constitueraient alors contre le délinquant des chefs d'inculpation distincts.

L'art. 14 punit les chasseurs qui auront pris un

faux nom, mais il ne s'occupe pas de ceux qui auront refusé de dire leurs noms aux agents de police judiciaire dans l'exercice de leurs fonctions. Le projet primitif regardait ce fait comme un délit et l'assimilait à la prise d'un faux nom. Une discussion s'engagea sur ce point à la Chambre des députés; on fit remarquer que nulle part, dans le droit commun, le refus de dire son nom n'était assimilé à un délit; que c'était là un fait négatif qui, dans les cas les plus graves, ne paraissait pas punissable; que l'art. 24 donnait les moyens d'atteindre ceux qui refuseraient d'obtempérer sur ce point aux réquisitions des agents de la force publique, et sur ces observations la disposition fut retranchée.

Ce fut ausssi à la Chambre des députés que furent introduites dans la loi les dispositions qui forment le second paragraphe de l'art. 14. L'art. 11, comme nous l'avons vu, ne prononce aucune peine d'emprisonnement; il pouvait donc arriver que ses dispositions fussent facilement éludées, précisément par ceux qu'elles ont surtout pour but d'atteindre. Un homme insolvable commet un des délits prévus par l'art. 11; il présente un certificat d'indigence, et le voilà déchargé de la peine. Cet homme, s'il s'est rendu coupable de délit accidentellement, se tiendra pour averti par cette première condamnation et ne recommencera pas; mais le braconnier, au contraire, sera enhardi par l'impunité, et sûr de ne pouvoir être atteint, il ne craindra pas d'encourir chaque jour les peines de la récidive. C'est là ce qu'il fal-

lait éviter, et ce que l'art. 14 empêchera, puisque
tous les délinquants insolvables pourront être, en
cas de récidive, atteints par une peine corporelle :
les juges d'ailleurs apprécieront ici, comme dans
tous les cas où la peine d'emprisonnement est prononcée par la loi ; ils auront toujours la faculté de
ne pas l'infliger et puiseront dans les circonstances
de la cause, dans la moralité et les antécédents du
délinquant, les raisons d'équité d'après lesquelles
ils se décideront.

Art. 15.

Il y a récidive lorsque, dans les douze mois qui
ont précédé l'infraction, le délinquant a été condamné en vertu de la présente loi.

Cet article est la reproduction presque littérale
de l'art. 200 du Code forestier, qui déclare qu'en
matière forestière, il y a récidive, lorsque, dans les
douze mois précédents, il a été rendu contre le
délinquant ou contrevenant un premier jugement
pour délit ou contravention. Il faudrait donc décider, en matière de chasse, comme cela a été décidé
en matière forestière, par un arrêt de la Cour de
cassation du 17 juin 1830, que l'art. 15 doit être
entendu en ce sens, que le délai pour fixer la récidive doit partir de l'époque du premier jugement
qui constate un premier délit, jusqu'à celle du se-

cond délit, et non jusqu'au jour du jugement de ce nouveau délit. Par ces mots, premier jugement, il faudrait d'ailleurs entendre, ainsi que l'a décidé un autre arrêt de la Cour de cassation, en date du 31 mai 1834, le jour de l'arrêt, s'il y avait eu appel, celui de rejet du pourvoi, si la Cour de cassation avait été saisie.

La rédaction actuelle rend inutile l'examen d'une question qui s'était agitée sous l'empire de la loi du 30 avril 1790 : on se demandait alors de quelle nature devrait être le second délit, pour qu'il pût motiver l'application des peines prononcées en cas de récidive ; suffisait-il que ce fût un second délit de chasse, fallait-il au contraire que ce second délit fût de plus la répétition identique du premier. Aujourd'hui, l'incertitude n'est plus permise : quel qu'ait été le premier délit, s'il a été puni en vertu de la loi nouvelle, une infraction nouvelle fera encourir la peine de la récidive à son auteur.

Art. 16.

Tout jugement de condamnation prononcera la confiscation des filets, engins et autres instruments de chasse. Il ordonnera, en outre, la destruction des instruments de chasse prohibés.

Il prononcera également la confiscation des armes, excepté dans le cas où le délit aura été commis par un individu muni d'un permis de chasse dans le temps où la chasse est autorisée.

Si les armes, filets, engins, ou autres instruments de chasse n'ont pas été saisis, le délinquant sera condamné à les représenter ou à en payer la valeur, suivant la fixation qui en sera faite par le jugement, sans qu'elle puisse être au-dessous de 50 fr.

Les armes, engins ou autres instruments de chasse abandonnés par le délinquant resté inconnu, seront saisis et déposés au greffe du tribunal compétent. La confiscation, et, s'il y a lieu, la destruction, en seront ordonnées sur le vu du procès-verbal.

Dans tous les cas, la quotité des dommages-intérêts est laissée à l'appréciation des tribunaux.

L'art. 16 déroge en trois points à la loi de 1790 ; cette loi ne prononçait pas la confiscation des filets et engins, même quand ils avaient servi à chasser sur le terrain d'autrui sans son consentement, et que par conséquent ils avaient été de véritables instruments de délits ; la loi nouvelle l'ordonne dans tous les cas. La loi de 1790 prononçait toujours la confiscation de l'arme du chasseur délinquant ; une exception aujourd'hui est admise au principe général. Enfin, les indemnités que, dans ses articles 1 et 2, la loi de 1790 accordait au propriétaire des fruits, avaient un minimum invariablement fixé, et que les tribunaux ne pouvaient jamais se dispenser d'attribuer à ce propriétaire, tandis qu'aux termes de la loi nouvelle, ils

ne prononceront maintenant en sa faveur de condamnation à des dommages-intérêts qu'autant qu'il
y aura eu préjudice causé, et ils proportionneront
à l'importance du préjudice le montant de l'indemnité due.

La première de ces innovations est, on peut le
dire, un retour au droit commun, et elle remplit
une lacune qui n'avait pu s'introduire que par oubli
dans la loi de 1790. La confiscation des instruments
de délit est un principe général de notre droit criminel, et c'est en vertu de ce principe que les légis-
lateurs de 1790 ordonnèrent, dans l'article 5 de leur
loi, que les armes instruments de délits seraient
dans tous les cas confisquées ; la même raison de décider s'appliquait bien évidemment aux filets, engins, et autres instruments, car la chasse qui se
pratique à l'aide de ces procédés, non-seulement est
plus destructive du gibier que la chasse à tir, mais
encore elle est plus préjudiciable aux intérêts de l'a-
griculture et à la conservation des récoltes ; ce ne
pouvait donc être, nous le répétons, que par oubli
qu'une omission semblable s'était glissée dans la loi
de 1790, et c'est avec une juste raison que la loi nouvelle y remédie.

Nous ne saurions approuver de même l'exception
apportée à la confiscation des armes, et la loi, ce
nous semble, n'aurait pas dû, en même temps
qu'elle revenait au droit commun, en ordonnant la
confiscation des engins et filets, s'en écarter, en permettant que, dans un cas déterminé, les armes, ins-

truments du délit, restassent entre les mains des délinquants. Cette dérogation n'existait pas dans le
projet primitif, et nous regrettons qu'elle y ait été
introduite, par des motifs, selon nous, assez peu sa-
tisfaisants. Le chasseur qui a obtenu un permis de
chasse, et n'en use que dans le temps où la chasse
est autorisée, n'en commeι pas moins un délit quand
il chasse sur le terrain d'autrui sans consentement ;
ce délit peut même devenir très grave, s'il est commis pendant la nuit, et sur un terrain clos dans les
termes de l'article 2. Pourquoi donc l'arme qui aura
été l'instrument de ce délit restera-t-elle entre ses
mains, tandis que le chasseur qui aura, par mé-
garde peut-être, chassé en temps prohibé, verra
prononcer la confiscation de la sienne ? Nous ne
pouvons en découvrir la raison. Nous eussions compris qu'en présence de la sage disposition de la loi
qui défend de désarmer le chasseur ; de la difficulté
par conséquent d'arriver à la confiscation réelle de
son arme, il eût été dérogé d'une manière absolue
et générale aux principes ; c'eût été une concession
dictée par une prudence excessive peut-être, mais
enfin concevable, tandis que cette distinction qu'on
a voulu établir entre différents délits, pour autoriser comme conséquence des uns, et à cause de leur
gravité, ce qui n'est pas permis comme conséquence
des autres, qui peuvent être cependant, sinon plus,
du moins, tout aussi graves que les premiers, nous
paraît n'être qu'une transaction malheureuse et sans
motifs ; mais enfin, c'est la loi.

Une disposition tout à fait rationnelle, au contraire, c'est celle qui désormais permettra aux tribunaux d'apprécier la quotité des dommages et intérêts, et de n'en prononcer que quand un préjudice aura été véritablement causé. La loi de 1790, en attribuant dans tous les cas une indemnité fixe au propriétaire des fruits, semblait avoir donné à cette indemnité le caractère de peine, et confondu ce qui doit être toujours avec très grand soin séparé, la réparation due aux parties lésées qui se résout en dommages et intérêts, et la réparation due à la société, qui se résout en une peine. Aujourd'hui cette confusion, qui existait au moins en apparence, n'est plus possible, et on n'aura pas à craindre que des propriétaires auxquels le passage du chasseur sur leur terrain n'aura pas pu causer le moindre préjudice, ne soient engagés à se constituer parties civiles et à poursuivre dans l'espérance d'obtenir des indemnités qui ne leur seraient pas accordées.

Une dernière remarque à faire sur l'art. 16, c'est qu'il ne prononce pas, d'une manière générale, la destruction des instruments de chasse à l'aide desquels des délits auront été commis; et que cette destruction ne devra être ordonnée qu'en ce qui touche les instruments prohibés, tels que les filets, engins, etc. Ces instruments, en effet, ne peuvent jamais être l'objet d'une possession légitime, non-seulement l'usage en est interdit, mais, comme on le sait, la détention même en est prohibée; il y aura donc toujours lieu de les détruire : il en est tout autrement des armes ; dans certains cas elles pourront bien être confisquées parce qu'on en aura fait un usage illicite, mais elles ne devront pas être détruites parce qu'elles peuvent être possédées sans délit, et servir à un usage légitime.

Art. 17.

En cas de conviction de plusieurs délits prévus par la présente loi, par le Code pénal ordinaire ou par les lois spéciales, la peine la plus forte sera seule prononcée.

Les peines encourues pour des faits postérieurs à la déclaration du procès-verbal de contravention pourront être cumulées, s'il y a lieu, sans préjudice des peines de la récidive.

———

L'article 17 déclare applicable dans toute son étendue aux délits de chasse, le second paragraphe de l'article 365 du Code d'instruction criminelle. Ainsi, que la conviction porte sur plusieurs délits de chasse, ou sur un délit de cette nature, joint à quelqu'autre crime ou délit que ce soit, la peine la plus forte sera seule prononcée : cette disposition n'est au surplus que la consécration de la jurisprudence antérieure de la Cour de cassation, qui avait jugé, le 17 mai 1838, que l'amende prononcée contre un individu convaincu du délit de chasse sans permis de port d'armes, ne pouvait être cumulée avec l'emprisonnement prononcé contre le même individu convaincu de rébellion , et le 23 mai 1839, que la peine de l'amende prononcée pour délit de chasse sans permis de port d'armes, ne pouvait être cumulée avec les peines plus fortes prononcées pour délit de port d'armes prohibées.

Peu importera d'ailleurs que la conviction soit le résultat de plusieurs jugements distincts , ou d'un seul.

Ce principe absolu du non-cumul des peines, s'appliquerait-il également à la confiscation ? Nous ne le pensons pas. En ce qui touche les engins et filets prohibés, cela ne peut pas faire question, et puisque la seule détention de ces instruments de chasse est un délit, il est bien certain qu'il ne peut pas exister un seul cas où la confiscation ne doive en être prononcée.

Quant aux armes, bien que la détention en elle-même en soit licite, nous croyons que la peine de la confiscation , toutes les fois qu'à leur égard elle sera prononcée, devra se cumuler avec d'autres peines s'il y a lieu. La confiscation spéciale , en effet, est une des peines accessoires prononcées pour certains délits par l'art. 11 du Code pénal, et la Cour de cassation a décidé avec juste raison, le 23 septembre 1837, que l'article 365 du Code d'instruction criminelle ne s'applique qu'à la peine principale et non aux peines accessoires.

La confiscation des armes a été établie dans l'in-

térêt général, en vertu du caractère propre aux délits de chasse.

Le but du législateur serait le plus souvent manqué, si ceux contre lesquels il a voulu que cette mesure fût employée, y échappaient par cela seul
qu'outre le délit spécial qui la rend nécessaire, ils
en avaient commis d'autres d'une nature différente.
Il devra donc, nous le croyons, être prononcé autant de confiscations spéciales qu'il aura été commis
de délits de chasse entraînant cette peine.

On sait que d'après le droit commun, le principe
du non-cumul des peines ne s'applique pas aux faits
postérieurs à la poursuite : c'est en vertu de cette règle
qu'a été écrite dans la loi la seconde partie de l'article 17. Il avait été proposé à la Chambre des députés d'appliquer le cumul des peines aux délits commis
postérieurement au procès-verbal de contravention,
ou postérieurement à la citation. Cette rédaction
était vicieuse, car le procès-verbal de contravention
et la citation doivent toujours avoir des dates différentes, et on ne pouvait laisser incertain le point de
savoir à partir de laquelle de ces deux dates le cumul des peines devrait avoir lieu. On ne pouvait non
plus décider que cette date serait celle du procès-
verbal, car un procès-verbal de délit ou de contravention n'est pas un acte de poursuite ; celui contre
lequel il a été dressé peut fort bien l'ignorer jusqu'au
jour de la citation, et ne peut être par conséquent,
avant cette dernière époque, mis légalement en demeure de s'arrêter. La rédaction actuelle fut défini-

tivement adoptée, et elle obvie à tous les inconvénients. En effet, une déclaration verbalement faite,
par un agent compétent, au délinquant surpris en
flagrant délit, sera pour celui-ci un avertissement
suffisant; il devra être assimilé à un commencement
de poursuite, et si plus tard des faits nouveaux
motivaient de nouvelles poursuites, les peines qui
pourraient en être la conséquence se cumuleraient
avec celles qu'auraient entraînées les faits antérieurs
à la déclaration. Mais si le procès-verbal avait été
dressé sans être sur-le-champ même et verbalement
déclaré au délinquant, si celui-ci n'était informé de
son existence qu'en recevant une citation pour répondre sur les faits contenus dans ce procès-verbal,
ce seraient seulement les peines encourues à partir du
jour où il aurait reçu cette citation, qui pourraient
se cumuler avec les peines prononcées pour des faits
antérieurs.

Art. 18.

En cas de condamnation pour délits prévus
par la présente loi, les tribunaux pourront pri-
ver le délinquant du droit d'obtenir un permis
de chasse pour un temps qui n'excédera pas
cinq ans.

———

Un amendement avait été proposé sur cet article,
dans le but de restreindre la faculté accordée ici
aux tribunaux, et de ne leur permettre de pronon-

cer la privation du droit d'obtenir un permis de chasse que contre les individus coupables de certains délits ; mais cet amendement fut rejeté et avec raison. Il est bien certain qu'en général les tribunaux n'useront de la faculté qui leur est laissée que dans des cas de délit grave, ou quand le condamné, coupable seulement d'une infraction légère, inspirera une méfiance légitime puisée dans ses habitudes et ses antécédents.

Art. 19.

La gratification mentionnée en l'art. 10 sera prélevée sur le produit des amendes. — Le surplus desdites amendes sera attribué aux communes sur le territoire desquelles les infractions auront été commises.

Avant la loi qui nous occupe, les gendarmes et les gardes recevaient déjà une gratification, chaque fois qu'un procès-verbal, dressé par eux, en matière de délit de chasse, était suivi d'une condamnation. — La loi nouvelle a voulu confirmer cet état de choses, et dans la pensée manifestée par le gouvernement et par les deux Chambres, il y a lieu de croire que le chiffre des gratifications sera plus élevé qu'il ne l'était. La gratification sera prélevée sur le produit des amendes, il en résulte qu'elle ne sera due qu'au cas de condamnation. En effet,

le produit des amendes , en matière de délit de
chasse , ne formera plus un fonds commun pour
être distribué, par les préfets , aux communes les
plus nécessiteuses, puisque la loi veut que le surplus de l'amende , la gratification prélevée , soit
attribué à la commune sur le territoire de laquelle
l'infraction a été commise. Quel sera le taux de
cette gratification ? Sera-t-elle fixe pour tous les
délits , s'accroîtra-t-elle , au contraire , en propor-
tion de la gravité de l'infraction commise et de
l'élévation de l'amende ? Ce sont des questions que
l'ordonnance royale décidera , et sur lesquelles il
nous est impossible de rien décider pour ne rien
préjuger.

Art. 20.

L'art. 463 du Code pénal ne sera pas applicable aux délits prévus par la présente loi.

Quand les dispositions pénales de la loi furent vo-
tées, on avait à choisir entre deux systèmes ; on pouvait fixer aux peines un minimum élevé et accorder
aux condamnés le bénéfice de l'art. 463; on pouvait,
au contraire, abaisser ce minimum, de telle sorte
qu'il ne dépassât jamais la répression méritée par
les délits mêmes les plus légers.

Ce dernier système a prévalu avec raison selon
nous. Sous l'empire de la loi de 1790, dont tout
le monde proclamait l'insuffisance, et qui était,

en effet, impuissante à réprimer le braconnage et à
prévenir la destruction du gibier, la peine était de
20 fr. ; c'eût été se montrer inconséquent quand
on faisait une loi nouvelle uniquement pour remé-
dier efficacement aux inconvénients d'un pareil
état de chose, que d'y insérer une disposition qui
aurait permis d'abaisser les amendes à un franc,
l'emprisonnement à un jour, et qui n'aurait pas mis
les magistrats dans l'impossibilité de céder trop
complétement à des influences au-dessus desquelles
les meilleurs esprits ne sont pas toujours sûrs de
s'élever dans tous les cas. Aujourd'hui les droits de
la justice et ceux de l'humanité sont également
garantis ; il existe entre le minimum et le maximum
des peines une assez grande latitude pour que toutes
les nuances de la culpabilité soient équitablement
atteintes, et, d'un autre côté, jamais la répression
ne sera assez illusoire pour cesser d'être redoutée.
L'art. 20 n'est, au surplus, que la reproduction
à peu près textuelle de l'article 203 du Code forestier, et s'explique aussi par l'analogie qui existe
entre les matières de chasse et les matières forestières.

SECTION TROISIÈME.

De la Poursuite et du Jugement.

Art. 21.

Les délits prévus par la présente loi seront prouvés, soit par procès-verbaux ou rapports, soit par témoins, à défaut de rapports et procès-verbaux, ou à leur appui.

L'art. 21 est la reproduction textuelle du premier paragraphe de l'art. 154 du Code d'instruction criminelle. Il avait autrefois régné quelqu'incertitude sur la question de savoir si l'art. 11 de la loi d'avril 1790 avait été abrogé par le Code d'instruction criminelle, et si l'irrégularité d'un rapport pouvait être suppléée par la preuve testimoniale : il est vrai qu'une jurisprudence constante avait décidé l'affirmative. Grâces à l'identité complète des termes de l'article 21 et des expressions de l'art. 154 du Code d'instruction criminelle, le doute ne sera plus permis.

Art. 22.

Les procès-verbaux des maires et adjoints, commissaires de police, officier, maréchal des logis ou brigadier de gendarmerie, gendarmes,

gardes forestiers, gardes pêche, gardes champêtres, ou gardes assermentés des particuliers,
feront foi jusqu'à preuve contraire.

———

Le projet de loi primitif disposait que les procès-
verbaux écrits et signés, soit par un maire ou son
adjoint, soit par un commissaire de police, soit par
un officier ou un maréchal des logis de la gendarmerie, soit par un agent supérieur de l'administration des eaux et forêts, et les procès-verbaux signés
par deux préposés de cette administration ou deux
gendarmes, et écrits par l'un d'eux, feraient foi
jusqu'à inscription de faux. C'était étendre au delà
d'une juste mesure, une disposition rigoureuse et
contraire au droit commun; on voulait, sans doute,
donner par là plus de force et d'efficacité à la constatation du délit de chasse, et enlever à la mauvaise
foi les moyens d'échapper à la condamnation par
la facilité de combattre les procès-verbaux, à l'aide
de témoignages achetés à l'avance ou récompensés
plus tard; néanmoins, cette disposition ne fut pas
maintenue, et sans déroger aucunement à l'art. 176
du Code forestier, on ne voulût point attribuer aux
procès-verbaux des agents de l'administration forestière, en matière de délit de chasse, la même
autorité qu'en matière forestière : ils ne feront donc
foi comme les procès-verbaux de tous les agents
que jusqu'à preuve contraire. On a pensé que si les
officiers de police judiciaire étaient investis du pou-

voir réclamé pour eux par le projet, ils seraient
en réalité, appelés à juger les faits matériels des
délits ; on n'a pas voulu que les tribunaux fussent ainsi réduits à homologuer en quelque sorte
les procès-verbaux, et que la défense des prévenus
devînt à peu près impossible. On a pensé d'ailleurs que si, sous la loi de 1790, la répression avait
été insuffisante, il fallait s'en prendre au peu de
gravité des peines, et non pas à la faculté laissée
aux prévenus de faire preuve contre les faits contenus aux procès-verbaux ; que cette faculté n'avait
pas eu pour effet de rendre, en matière de délits de
chasse, les acquittements plus fréquents, et que
par conséquent rien n'établissait la nécessité d'une
dérogation au droit commun.

Art. 23.

Les procès-verbaux des employés des contributions indirectes et des octrois feront également
foi jusqu'à preuve contraire, lorsque, dans les
limites de leurs attributions respectives, ces
agents rechercheront et constateront les délits
prévus par le paragraphe premier de l'article 4.

Ce pouvoir, donné pour la première fois par cet
article aux employés des contributions indirectes
et des octrois, sera un des moyens les plus efficaces
pour prévenir la mise en vente, la vente, le colportage et le transport du gibier en temps prohibé.

Les employés des contributions indirectes, que la nature de leurs fonctions conduit à chaque instant chez les hôteliers, chez les restaurateurs, seront placés dans la condition la plus favorable pour découvrir les délits de cette nature : si la loi nouvelle ne leur eût donné le droit et le pouvoir de les constater par leurs procès-verbaux, c'eût été vainement, peut-être, qu'ils en auraient été témoins; ils n'auraient pu rien faire pour en amener la répression; des agents de l'administration ne pouvaient sans inconvénients être réduits à cette impuissance fâcheuse, et c'est sagement qu'on y a remédié. Quant aux agents de l'octroi, il importait qu'ils eussent qualité pour établir judiciairement et jusqu'à preuve contraire, les délits de colportage et de transport, car ils seront, plus souvent que tous autres, en position de les constater.

Il faut bien remarquer, d'ailleurs, que les agents dont s'occupe l'article 23, ne pourront dresser de procès-verbaux, en matière de délits de chasse, que dans les limites de leurs attributions respectives, et que le cercle de ces attributions n'est point étendu par la loi qui nous occupe. Ainsi, les employés des contributions indirectes auront bien le droit, quand ils exerceront chez un débitant, d'y constater un délit de vente, ou de mise en vente de gibier; mais ils ne pourront pas s'introduire chez ce débitant dans le seul but d'y rechercher les délits de cette nature; le pouvoir qui leur est donné à cet égard, n'est que 'accessoire de ceux qui leur sont conférés, en vue

de leurs fonctions principales ; de sorte que, lorsque ces pouvoirs principaux sont restreints, comme
cela , par exemple, arrive dans certaines villes qui,
moyennant le paiement d'un droit, se sont rache-
tées de l'exercice, le pouvoir accessoire conféré par
l'article qui nous occupe, le sera également, et dans
les mêmes proportions.

ART. 24.

Dans les vingt–quatre heures du délit, les
procès‑verbaux des gardes seront, à peine de
nullité, affirmés par les rédacteurs devant le juge
de paix ou l'un de ses suppléants, ou devant le
maire ou l'adjoint, soit de la commune de leur
résidence, soit de celle où le délit aura été
commis.

C'est aux procès-verbaux des gardes seulement
que la loi impose cette nécessité d'être affirmé dans
les vingt-quatre heures, et ce sont les seuls dont
le défaut d'affirmation entraîne la nullité, il ne
faudrait donc pas, sous prétexte d'analogie , la prononcer dans aucun autre cas. Nous ferons remarquer, d'ailleurs, que le jugement, qui prononce-
rait cette nullité, dans un cas où il y aurait lieu
de le faire, ne statuerait, en aucune façon , sur le
fonds, qu'il réserverait au ministère public tous ses
droits afin de poursuivre le délit de chasse, et de
le prouver par tous les moyens de droit commun,
notamment par témoins : de telle sorte que le délin-

quant, une première fois renvoyé des fins de la plainte
par un jugement basé sur la nullité du procès-verbal,
pourrait être une seconde fois poursuivi et condamné
pour le même fait, sans que la règle *non bis in idem*
fût violée. C'est ce qui a été plusieurs fois décidé
par la Cour de cassation , notamment par un arrêt
du 11 août 1831.

Art. 25.

Les délinquants ne pourront être saisis ni désarmés ; néanmoins, s'ils sont déguisés ou masqués, s'ils refusent de faire connaître leur nom,
ou s'ils n'ont pas de domicile connu, ils seront
conduits immédiatement devant le maire ou le
juge de paix, lequel s'assurera de leur individualité.

L'art. 25 de la loi nouvelle est la reproduction
des art. 5 et 7 de la loi du 10 avril 1790. La crainte
que des collisions ne fussent le résultat des efforts
tentés pour désarmer ou arrêter les délinquants, a
fait conserver la disposition qui interdit le désar-
mement ; et quant à celle qui autorise l'arresta-
tion dans certains cas, elle était exigée par l'intérêt
public. C'est une mesure indispensable que celle qui
donne aux officiers de police judiciaire le droit d'arrêter et de conduire devant le maire ou le juge de
paix le plus voisin, les délinquants déguisés ou masqués, et ceux qui refusent de faire connaître leurs
noms, ou qui n'ont pas de domicile connu. Si cette

disposition n'existait pas la loi, serait toujours éludée, puisqu'il suffirait d'être inconnu des gardes pour éviter la responsabilité des délits. Il faut remarquer d'ailleurs que le voyageur qui se trouverait dans l'un des cas prévus par l'art. 25 pourrait et devrait être légalement arrêté comme inculpé de vagabondage. On ne peut évidemment admettre que le délit de chasse place le délinquant dans une situation plus favorable, et crée en sa faveur une exception à la loi commune.

Art. 26.

Tous les délits prévus par la présente loi seront poursuivis d'office par le ministère public, sans préjudice du droit conféré aux parties lésées par l'article 182 du Code d'instruction criminelle.

Néanmoins, dans le cas de chasse sur le terrain d'autrui sans le consentement du propriétaire, la poursuite d'office ne pourra être exercée par le ministère public, sans une plainte de la partie intéressée, qu'autant que le délit aura été commis dans un terrain clos, suivant les termes de l'article 2, et attenant à une habitation, ou sur des terres non encore dépouillées de leurs fruits.

Toutes les dispositions de l'art. 26 sont des applications conformes au droit commun, des principes généraux en matière de poursuites.

Il est de règle que toute infraction aux lois qui

protégent les personnes et les propriétés donne naissance à l'action publique; il n'existe pas de raison
de distinguer entre les délits de chasse, et les autres
délits. En imposant au ministère public le devoir
de poursuivre d'office les délits de chasse, la loi
nouvelle d'ailleurs n'entend restreindre en rien son
indépendance, qui doit ici rester absolue comme toujours. Son action ne sera point subordonnée aux
dénonciations des tiers, et aux plaintes des parties
lésées; et de même qu'elle devra être exercée, lorsque
l'ordre public semblera l'exiger, sans avoir été pro-
voquée par ces dénonciations et ces plaintes, de
même en présence de ces plaintes elle pourra rester
inactive, si l'officier public auquel seul cette action
appartient juge ces dénonciations et ces plaintes
mal fondées. Le ministère public n'est jamais forcé
de déférer à l'opinion des parties intéressées; la loi
veut qu'il suive la sienne, et qu'après avoir reçu une
dénonciation, il n'exerce l'action publique qu'autant
qu'il estime lui-même qu'il y a lieu à poursuivre.

A côté de ce principe général se placent quelques
exceptions, et l'art. 26 en consacre une dont les
motifs sont faciles à comprendre. La chasse sur le
terrain d'autrui, n'est un délit qu'à défaut du consentement du propriétaire; or, le délit ne peut pas
se présumer; il n'existe pas jusqu'à la plainte qui
prouve le défaut de consentement, et voilà pourquoi, jusqu'à ce qu'il ait reçu cette plainte, le ministère public ne pourra poursuivre : dès qu'il
l'aura reçue, il sera libre d'exercer son action.

Cependant il pourra ne pas l'attendre, si le terrain sur lequel un étranger serait venu chasser sans droit, était clos dans les termes de l'art. 2, et attenant à une habitation, ou s'il était couvert de ses fruits ; dans l'un et l'autre de ces cas le consentement ne se présumera pas, c'est la présomption contraire qui est admise par la loi. Il ne s'agit toutefois, ici, que d'une présomption qui disparaît devant le fait contraire, le consentement représenté après la poursuite rendrait donc toute condamnation impossible.

Nous devons remarquer au contraire que l'action publique, une fois mise en mouvement par la plainte à laquelle elle est subordonnée dans les cas exceptionnels dont nous nous occupons, s'exercera dans toute son indépendance, et ne pourra plus être arrêtée par le désistement du plaignant, ou ses transactions avec le prévenu ; l'unique condition imposée par la loi au ministère public est d'attendre que la partie lésée ait réclamé ; mais exiger de plus que cette partie persiste dans sa réclamation jusqu'au jugement définitif, ce serait lui en imposer une seconde que la loi n'autorise pas ; ce serait la créer arbitrairement.

Tels sont les principes généraux ; ils ont été appliqués par la Cour de cassation précisément en matière de délits de chasse, dans un arrêt fortement motivé, à la date du 31 juillet 1830, dont la doctrine devrait encore être suivie sous l'empire de la loi nouvelle. Ils sont aussi professés par Mangin, t. Iᵉʳ, p. 272, n° 131.

Qu'arriverait-il si le fait de chasse, sans le consentement du propriétaire, avait. eu lieu dans des bois appartenant à l'Etat? Le délit pourrait-il être poursuivi directement, ainsi que cela avait lieu sous l'empire de l'ancienne législation, conformément à l'arrêté du Directoire, du 28 vendémiaire an v, qui, s'appuyant sur l'art. 4 du titre 30 de l'ordonnance de 1669, interdisait la chasse dans les forêts de l'Etat. Nous ne le pensons pas : l'arrêté du Directoire, et l'ordonnance de 1669, sont abrogés par la loi nouvelle, et la poursuite, dans ce cas, ne pourra être exercée par le ministère public que sur la plainte des agents de l'administration forestière ; il en serait de même si les bois appartenaient à une commune ; seulement, dans ce cas, ce serait de la commune que devrait émaner la plainte.

Art. 27.

Ceux qui auront commis conjointement les délits de chasse, seront condamnés solidairement aux amendes, dommages-intérêts et frais.

Le but de cet article est d'étendre aux délits de chasse l'application des principes du droit commun. La question de savoir si la solidarité pouvait être prononcée en cette matière avait soulevé, sous l'ancienne législation, quelques difficultés qui ne seront plus possibles aujourd'hui.

Quelles seront, d'ailleurs, les conditions de cette

solidarité? L'article s'explique positivement sur ce point : elle ne pourra être prononcée que contre *des délinquants*. Cette première énonciation fait clairement connaître que les condamnations encourues par un chasseur délinquant ne pourront frapper, par l'effet de la solidarité, ceux qui auront chassé dans sa compagnie, lorsque aucun délit ne pourra leur être personnellement imputé. Ainsi, par exemple, ne seront pas condamnés, solidairement avec celui qui aura chassé sur le terrain d'autrui sans le consentement du propriétaire, ceux qui, munis de cette permission, auront chassé avec le délinquant.

Cette condition, qui ne permet d'étendre les effets de la solidarité qu'entre des délinquants, ne sera pas la seule; les délits qui l'entraîneront seront ceux-là seulement qui auront été commis *conjointement*. Ce dernier mot fait connaître qu'il ne suffirait pas, pour qu'une condamnation solidaire vînt frapper deux ou plusieurs chasseurs, qu'ils eussent commis le même fait qualifié délit; qu'ils l'eussent commis simultanément, s'ils l'avaient commis d'une manière isolée. Il y aurait dans ce cas plusieurs délits distincts, qui devraient donner lieu à des condamnations séparées : mais le concours seul de plusieurs volontés dans l'accomplissement du même fait, que ce concours ait été préparé ou non, peut donner à ce fait, suivant sa nature, le caractère de crime ou de délit commis conjointement. Ainsi, plusieurs chasseurs étrangers les uns aux autres auront en même temps, sur le même terrain, mais sans concours, chassé en temps prohibé ; ils se seront par là rendus coupables isolément de délits de même nature, mais aucune solidarité ne pourra être prononcée contre eux. Il en sera de même dans le cas où ces chasseurs auront chassé sur le terrain d'autrui sans le consentement du propriétaire. Mais dans le cas, au contraire, où ces chasseurs, encore bien qu'étrangers les uns aux autres et réunis même par l'effet du hasard, auraient, soit sur le terrain d'autrui sans consentement, soit en temps prohibé, chassé de concert et concouru tous ensemble à un même fait de chasse, ils devront être condamnés solidairement.

Il est une espèce de délit de chasse qui ne pourra jamais entraîner de condamnation solidaire contre plusieurs chasseurs, c'est le fait de chasse sans permis. C'est là un délit essentiellement personnel, qui ne pourra, dans aucun cas, être commis conjointement par plusieurs, mais dont le caractère essentiel, au contraire, sera de rester toujours le fait de celui-là seul qui le commettra.

Enfin nous ferons remarquer en terminant, qu'il ne faut pas plus confondre en matière de délits de chasse, qu'en toute autre matière, la coopération de deux ou plusieurs personnes au même fait avec la complicité. La complicité c'est l'aide ou l'assistance dans les faits qui ont préparé, facilité ou consommé un délit, ce n'est pas nécessairement la coopération aux faits mêmes qui constituent ce délit et en forment l'essence ; la complicité, en matière de délits de chasse, sera punissable d'ailleurs comme elle l'est toujours et suivant les principes du droit commun ; et de ce que la loi dit que les délinquants qui auront commis conjointement des délits de chasse seront solidairement condamnés, il ne faut pas conclure que la solidarité dans la condamnation n'aura lieu que dans ce cas : de même qu'elle frappera tous les auteurs principaux d'un même délit conjointement commis, de même elle devra frapper, quand il y aura lieu, l'auteur principal et son complice.

Art. 28.

Le père, la mère, le tuteur, les maîtres et commettants, sont civilement responsables des délits de chasse commis par leurs enfants mineurs non mariés, pupilles demeurant avec eux, domestiques ou préposés, sauf tout recours de droit.

Cette responsabilité sera réglée conformément à l'article 1384 du Code civil, et ne s'appliquera qu'aux dommages-intérêts et frais, sans pouvoir toutefois donner lieu à la contrainte par corps.

La loi d'avril 1790 n'étendait les effets de la responsabilité civile qu'aux pères et mères, quand leurs enfants étaient mineurs et domiciliés avec eux. La loi nouvelle va beaucoup plus loin, et l'énumération qu'elle donne des personnes qui seront dorénavant civilement responsables, diffère très peu de celle qu'on lit dans l'article 1384 du Code civil. Ce dernier article déclare les artisans civilement responsables des dommages causés par leurs apprentis, et quoiqu'il ne soit question ni des uns ni des autres dans l'art. 28, l'esprit général de cet article indique assez que, conformément au principe général, la responsabilité civile, en matière de délit de chasse, devrait s'étendre des apprentis à leurs maîtres, comme elle s'étend des domestiques à ceux dont ils sont les serviteurs. L'art. 1384 est muet sur les tuteurs et leurs pupilles; la loi nouvelle contient une disposition spéciale : à leur égard, tels sont les deux seuls points de dissemblance.

Quant aux règles et aux effets de la responsabilité civile, en matière de délits de chasse, le second paragraphe de l'article les fixe en termes trop précis et trop formels, pour que, sur ce point, il puisse s'élever des difficultés nouvelles. Ces règles seront celles du droit commun.

Art. 29.

Toute action relative aux délits prévus par la présente loi sera prescrite par le laps de trois mois, à compter du jour du délit.

Aux termes de la loi de 1790, la prescription

des délits de chasse avait lieu par le laps d'un mois:
ce délai était souvent trop court pour les poursuites, et l'expérience l'avait démontré ; la loi nouvelle a sagement fait en l'étendant : il ne sera plus
désormais assez court pour assurer le plus souvent
l'impunité aux délinquants, et n'aura pas non plus
l'inconvénient de laisser les inculpés indéfiniment
exposés à des ponrsuites. Tous les intérêts se trou-
veront ainsi conciliés.

SECTION QUATRIÈME.

Dispositions générales.

ART. 30.

Les dispositions de la présente loi relatives à
l'exercice du droit de chasse ne sont pas applicables aux propriétés de la couronne. Ceux qui
commettraient des délits de chasse dans ces propriétés seront poursuivis et punis conformément
aux sections 2 et 3.

Cet article, ou plutôt la pensée qu'il consacre,
a joué un grand rôle dans la discussion de la loi.
Pour en bien apprécier le caractère, il convient de
rappeler ici brièvement l'état de la législation, en

matière de chasse dans les propriétés de la couronne, avant la loi qui nous régit aujourd'hui. —
D'après une jurisprudence constante, l'art. 16 de la
loi de 1790 était entendu, en ce sens, qu'en attendant une loi nouvelle, qui n'a été rendue qu'en
1844, les propriétés de la couronne, en ce qui
concernait la chasse, demeuraient placées sous
l'empire des lois antérieures. Le titre 30 de l'ordonnance de 1669, et les ordonnances antérieures,
notamment les ordonnances de 1601 et 1607, pour
les cas non prévus par l'ordonnance de Louis XIV,
étaient seules applicables à la police de ces chasses.
La même jurisprudence a toujours et invariablement admis, cela va sans dire, que les peines
d'amendes édictées par ces ordonnances, étaient
seules applicables aux délinquants. Mais il résultait
de cette situation, qui ne devait être que passagère
et qui a duré cinquante-quatre ans, deux bizarreries
très fâcheuses, car ce qui est bizarre, en fait de
justice, est toujours déplorable. La première résultait de ce qu'en appliquant au délinquant une
disposition, qu'on devait lire tout entière, on était
contraint de mutiler cette disposition dans l'application, de rompre, de briser, pour ainsi dire, de
scinder la loi même qu'on appliquait, et qu'on
lisait, non sans une sorte de scandale, puisqu'elle
spécifiait des peines dont la nature est aujourd'hui proscrite tout à la fois, par nos mœurs et
par notre droit public. — La seconde, c'est que
deux faits de même nature, identiques quant à

leurs circonstances, étaient punis successivement par
le même juge, de peines très différentes, par cela
seul qu'ils avaient été commis à quelques pas de distance l'un de l'autre, l'un dans les propriétés de la
couronne, l'autre dans celles de l'Etat, par exemple, d'une commune, d'un établissemement public
ou d'un particulier. Un tel état de choses devait
être changé, alors surtout qu'on s'occupait d'une
loi générale sur la police de la chasse. Mais, en re-
médiant à ces inconvénients réels, il était impossible de ne pas comprendre les raisons de toutes
natures, qui ne permettaient pas de soumettre la
couronne aux entraves, aux restrictions de la loi
générale.

Dans le rapport qui fut présenté à la Chambre
des pairs, le 16 mai 1843, la commission s'exprimait ainsi :

« Votre commission, Messieurs, a compris facilement toutes les raisons qui veulent que l'exercice
du droit de chasse dans les propriétés de la couronne ne soit pas assujetti aux règles générales :
l'étendue de ces propriétés, le régime particulier
auquel elles sont soumises, le nombre des agents
chargés de les surveiller, et par-dessus tout, des
raisons de haute convenance, tout demande, tout
exige que la chasse dans ces domaines ne soit soumise qu'aux règles mêmes qui sont établies par
l'administration de la liste civile ; mais votre commission ne peut admettre que les délits de chasse
commis dans ces propriétés ne soient pas soumis

aux règles du droit commun : il ne lui paraît pas possible, qu'après la promulgation d'une législation nouvelle sur la police de la chasse, les tribunaux soient encore contraints, pour réprimer les délits commis dans les forêts de la couronne, de recourir aux dispositions surannées de l'ordonnance de 1669; elle vous propose donc, en déclarant qu'il n'est rien innové en ce qui concerne l'exercice du droit de chasse dans les propriétés de la couronne, de décider cependant que les délits commis dans ces propriétés seront poursuivis et punis d'après les dispositions du projet de loi. »

La disposition fut votée par la Chambre des pairs dans les termes suivants :

« Il n'est rien innové à tout ce qui concerne l'exercice du droit de chasse dans les propriétés de la couronne. Néanmoins les délits commis dans ces propriétés seront punis d'après les dispositions de la présente loi.»

En approuvant cette disposition, la commission de la Chambre des députés s'exprimait ainsi, par l'organe de son rapporteur, le 7 juin 1843 :

« La première partie de l'art. 29, comme disposition réglementaire, ne peut être l'objet d'aucune observation ; mais la seconde partie contient, relativement aux délits commis dans les propriétés de la couronne, une dérogation, quant à la pénalité, aux dispositions de l'ordonnance de 1669, qu'il est facile de justifier. Cette ordonnance, depuis longtemps, n'est plus applicable aux délits de chasse commis dans les forêts de l'Etat, et on se rendrait difficilement compte de ce qu'elle continuerait de l'être aux délits commis dans les forêts de la couronne, surtout lorsqu'une législation nouvelle sur la police de la chasse va être promulguée. Le projet de loi propose de soumettre la poursuite et la répression de ces délits aux règles du droit commun. Votre commission approuve cette proposition. »

Néanmoins, et malgré l'avis ainsi formulé de la commission, la Chambre des députés rejeta cet article lorsque le projet de loi lui fut présenté pour la première fois. Il faut dire, toutefois, que la disposition a été rejetée sans discussion, à la fin d'une séance, alors que la Chambre était bien loin d'être complète.

En présentant, pour la seconde fois, le projet de loi à la Chambre des pairs, le Gouvernement persista dans son opinion sur la nécessité de cette disposition, et l'exposé des motifs s'exprimait ainsi à ce sujet :

« Il nous est impossible de donner la même adhésion à l'amendement qui a supprimé l'ancien article 29 du projet, d'après lequel l'exercice du droit de chasse sur les propriétés de la couronne, devait continuer à être régi par la législation actuelle. L'article qui a été retranché, avait été dicté par un motif de haute convenance, qui vous déterminera, sans aucun doute, à en rétablir le principe. »

La commission de la Chambre des pairs n'hésita pas en effet à proposer à la Chambre de rétablir la disposition dans le projet de loi. Voici comment s'exprimait son rapporteur à la séance du 23 mars 1843.

« Mais en portant notre attention sur les dispositions générales de la section IV et dernière, nous avons été frappés de la suppression de l'art. 29, relatif aux propriétés de la couronne. Après avoir examiné de nouveau la question soulevée par cet amendement, votre commission, Messieurs, a persisté dans l'opinion qu'elle avait émise et que votre décision avait consacrée. Elle a pensé que le rejet de l'art. 29 introduirait dans notre législation une innovation fâcheuse à plus d'un titre, et dont il lui a été impossible de trouver une raison satisfaisante ; aucun intérêt ne la réclame; des considérations puissantes la repoussent. Vous connaissez, Messieurs, le caractère unanime des plaintes qui se sont fait entendre contre l'insuffisance de la législation de 1790; vous savez que de toutes parts on demande des mesures qui préviennent la destruction du gibier, qui fassent respecter le droit de propriété dans l'une de ses légitimes conséquences, qui, surtout, assurent la répression des excès du braconnage ! Mais, jamais une plainte s'est-elle élevée contre la réglementation et l'exercice du droit de chasse dans les propriétés de la couronne? L'étendue de ces propriétés, le régime particulier auquel elles sont soumises, le nombre des agents chargés de les surveiller, tout les place en dehors de la situation générale, comme la loi les place en dehors du droit commun. Nous avons donc cru qu'en faisant droit aux justes réclamations de la propriété quotidiennement et outrageusement violée, il n'y avait rien à faire, rien à innover là où aucun désordre ne s'était produit, là où aucun abus n'était signalé, là où aucune plainte ne s'était fait entendre. Nous n'avons pas besoin d'ajouter, Messieurs, que les raisons d'un ordre plus élevé, qui ont déterminé le législateur de 1790 à consacrer l'exception dont nous persistons à demander le maintien, ont été toutes puissantes sur nos esprits. Mais nous sommes convaincus que cette disposition, qui a été écartée par un vote dont n'avons pu connaître et par conséquent apprécier les motifs, obtiendra l'assentiment de l'autre Chambre quand la discussion en aura mis au grand jour les raisons, le caractère et la portée.

« Toutefois, Messieurs, en l'absence d'une discussion qui nous eût éclairés sur les motifs qui ont fait rejeter cette disposition par vous introduite dans le projet de loi, nous nous sommes demandé quelles objections elle avait pu rencontrer ? Nous n'avons pu croire qu'elle ait succombé sous des raisons du fond : il est évident en effet qu'elle ne porte aucune atteinte aux intérêts que le projet de loi a pour but de protéger. Le respect de la propriété privée n'en est assurément point ébranlé, et la conservation du gibier n'y est nullement intéressée; car tout le monde sait que dans les propriétés de la couronne, le gi-

bier est élévé, entretenu, conservé à grands frais, et
que bien loin de nuire à la chasse sur les héritages
riverains, le voisinage de ces propriétés leur est pro-
fitable, sans être jamais nuisible aux récoltes, à raison des indemnités annuellement payées par la liste
civile. A-t-on pensé que la disposition était inutile
parce que la couronne possède un assez grand nombre de propriétés closes régies par l'art. 2 du projet
de loi? Ce serait là, Messieurs, une erreur; les termes
de l'art. 2 doivent être, et sont en effet, restrictifs,
et la discussion a prouvé qu'ils ne pouvaient s'appliquer aux propriétés traversées par des routes ou par
des chemins. Votre commission a donc pensé que
ces termes de l'art. 29 avaient pu seuls prêter à la
critique, que cette expression : *il n'est rien innové*,
avait pu paraître trop vague, trop générale, et que
peut-être on avait craint qu'elle pût servir un jour
de prétexte à des prétentions mal fondées. Nous
vous proposons donc une rédaction qui exprime
clairement que les dispositions de la loi relatives à
l'exercice du droit de chasse, ne s'appliqueront point
aux propriétés de la couronne, et qui déclare les
sections 2 et 3 applicables à ceux qui commettraient
des délits dans ces propriétés. »

C'est sous l'influence de ces considérations que
la Chambre des pairs fut appelée à discuter l'article
qui nous occupe, et ces considérations prévalurent.
L'article fut voté après une brève discussion, dans
laquelle M. le garde des sceaux eut occasion de déclarer en réponse à M. le marquis de Boissy,

que le domaine privé du Roi, n'était évidemment point compris dans cet expression de la loi, *les propriétés de la couronne*, et que ce domaine privé serait régi par les dispositions du droit commun.

La commission de la Chambre des députés, en approuvant pour la seconde fois cette disposition, s'exprimait ainsi par l'organe de son rapporteur :

« Lors de la discussion du projet de loi, vous n'avez pas adopté un amendement qui y avait été introduit par la Chambre des pairs, relativement aux propriétés de la couronne ; et, après une nouvelle discussion, cette Chambre a rétabli la disposition en opérant un changement de rédaction.

« Votre commission avait approuvé la rédaction première ; elle approuve la seconde.

« Toutefois, elle fera remarquer qu'il résulte de la discussion à l'autre Chambre, que l'on a paru craindre, au sujet de cet article, une difficulté d'exécution. La chasse, dans les propriétés de la couronne, n'étant pas réglée par la présente loi, et pouvant se faire en tout temps, ceux qui achètent et vendent du gibier ne se prévaudront-ils pas de l'exception écrite dans l'article 30, pour prétendre que le gibier dont ils feraient commerce en temps prohibé, provient des propriétés de la couronne ? Il est évident que cette excuse serait inadmissible ; c'est ainsi que l'article a été compris à la Chambre des pairs. La vente du gibier est indistinctement prohibée ; elle ne se lie nullement à l'exercice du

droit de chasse , dans telle ou telle propriété. L'al-
légation de la provenance ne saurait donc justifier
l'achat ou la vente du gibier dans le temps où le
droit commun interdit de tels faits. Tel est le sens
de l'article 30. Aucun doute ne pourrait être élevé
sur son interprétation. »

Toutefois , la disposition, approuvée par la commission , et définitivement votée par la Chambre,
donna lieu à quelques discussions.

M. Crémieux proposa un amendement ainsi conçu : « Les dispositions de la présente loi , relatives à
l'exercice de la chasse, sauf les dispositions des deux
premiers paragraphes de l'art. 4, ne sont pas appli-
bles aux propriétés de la couronne. »

En réponse à cet amendement, M. le garde des
sceaux s'exprima ainsi : « On a paru craindre que
« l'exception qui vous est proposée par le gouver-
« nement, ne permît d'éluder la loi, et de vendre
« impunément du gibier qui serait déclaré pro-
« venir de propriétés de la couronne. La com-
« mission a déjà répondu à cette appréhension, et
« je m'associe pleinement à sa réponse : tout gibier
« qui sera mis en vente pendant le temps prohibé
« devra être saisi, et le vendeur ne pourra évidem-
« ment s'excuser en alléguant que ce gibier provient
« des domaines de la couronne. Quant au trans-
« port, il en est tout autrement : la pensée de l'ar-
« ticle que nous discutons est incontestablement que
« le gibier tué dans les forêts de la couronne puisse

« être transporté. Y a-t-il donc là, Messieurs, le
« moindre inconvénient? Ne pressentez-vous pas
« que les précautions nécessaires pourront être pri-
« ses pour que l'exercice de ce droit ne puisse don-
« ner lieu à aucun abus, et pouvez-vous, sous l'im-
« pression d'inquiétudes dénuées de fondement, re-
« fuser d'admettre une faculté qui est la consé-
« quence naturelle de la faculté même de chasse
« dans les propriétés de la couronne. »

L'art. 30 de la loi fut voté sous l'influence de ces
observations, malgré la résistance de MM. Luneau et
Crémieux.

Cet article crée ou plutôt maintient en faveur de
la couronne un privilége à nos yeux légitime et nécessaire, et dont le caractère est tout à la fois réel et
personnel : il est réel, en ce qu'il s'applique aux propriétés de la couronne, et à ses propriétés seules.
Nous avons vu, en effet, que les termes de la loi et
les explications données lors de la discussion, ne per-
mettraient pas de l'étendre au domaine privé par
exemple. — Il a donc, sous ce rapport, un caractère
réel, puisqu'il est essentiellement attaché à la chose ;
d'un autre côté, il est personnel en ce sens qu'il n'est
conféré qu'en vue de la couronne, et qu'il ne peut
profiter qu'à la couronne elle-même, ou à ceux qui
agiraient en vertu de sa délégation directe. La question soulevée par l'amendement de M. Crémieux
nous paraît donc sans intérét pour la pratique, et
les craintes qui avaient dicté cet amendement nous
semblent chimériques.

Et en effet, quant à la vente, à la mise en vente, au colportage, non-seulement de tels faits ne peuvent être supposés lorsqu'il s'agit de la couronne ou de ses agents, mais la disposition de la loi qui prohibe l'achat et punit l'acheteur, doit faire taire tous les scrupules, car la mise en vente et le colportage n'ont d'autre but que la vente, et la vente n'est pas possible quand l'achat ne l'est point.

A l'égard du transport, il est bien certain que le droit existera pour la couronne et ses agents, mais le caractère personnel de ce droit, sa nature même de privilége motivé sur les plus hautes comme sur les plus légitimes convenances, s'opposent à ce qu'il puisse sortir des limites mêmes que lui assigne la loi ; il ne s'exercera donc, il ne pourra s'exercer que par la couronne ou pour elle.

Art. 31.

Le décret du 4 mai 1812 et la loi du 30 avril 1790 sont abrogés.

Sont et demeurent également abrogés les lois, arrêtés, décrets et ordonnances intervenus sur les matières réglées par la présente loi, en tout ce qui est contraire à ses dispositions.

———

Nous n'aurions rien à dire de cet article dont les dispositions nous paraissent suffisamment claires, s'il n'avait point été l'objet de quelques difficultés à la

Chambre des députés. M. Luneau, après avoir rappelé à la Chambre un arrêt de la Cour de cassation du 2 juin 1814, d'après lequel la disposition de l'ordonnance de 1669, qui donne à la couronne le droit de chasse sur les terrains enclavés dans ses domaines à l'exclusion du propriétaire même de ces terrains, serait encore en vigueur, a demandé l'abrogation expresse du titre 30 de l'ordonnance de 1669.

Sans avoir à nous expliquer sur le mérite de cet arrêt, il nous suffira de remarquer que sans être nommée dans l'art. 31, l'ordonnance de 1669 est formellement abrogée par cet article, puisqu'elle est *intervenue sur la matière même qui est réglée par la présente loi,* et qu'elle y est intervenue d'une manière complétement contraire aux dispositions de la loi actuelle. En ce qui touche les peines, les poursuites et la compétence, il n'y a point de difficultés, chacun le reconnaît.—Eh bien, le point en discussion n'en présente pas davantage. La loi nouvelle, en effet, reconnaît expressément pour tout propriétaire, le droit de chasser dans ses propriétés, sous certaines conditions qu'elle stipule; il n'y a point d'exception à ce principe, garanti au contraire non moins formellement par la défense absolue de chasser sur le terrain d'autrui sans son consentement. N'est-il donc pas évident que les propriétés enclavées dans les domaines de la couronne, ne cessent point, par le fait de l'enclave, d'appartenir à leurs propriétaires? N'est-il pas évident que ces propriétés seront toujours le *terrain d'autrui* à l'égard de la couronne? Aucune difficulté ne peut donc se présenter à cet égard.—Ajoutons que le privilége créé par l'art. 30 s'applique limitativement *aux propriétés de la couronne*, et que les terres enclavées dans ces propriétés, à ce titre-là même, ne sont pas les propriétés de la couronne. C'est en ce sens, au surplus, que M. le garde des sceaux répondit à M. Luneau en repoussant l'amendement.—Voici quelles furent les paroles du ministre :

« Que porte l'art. 30 de la loi qui nous occupe ? Les dispositions de la présente loi, relatives à l'exercice du droit de chasse, ne sont pas applicables aux propriétés de la couronne, etc... Le sens de cet article est bien clair ; il en résulte sans doute que les propriétés de la couronne ne seront pas régies, relativement à l'exercice du droit de chasse, par la loi actuelle ; mais toutes les autres propriétés, et par conséquent même les propriétés enclavées, seront régies par cette loi. Or, comme elle donne à tout propriétaire la faculté de chasser dans ses propriétés, moyennant certaines conditions, il est évident que cette faculté appartiendra aux propriétaires de fonds enclavés dans les propriétés de la couronne, comme à tous les autres ; et la raison de la différence qu'établira à cet égard la loi nouvelle, est bien simple : dans la loi de 1790, l'exception était personnelle ; la loi nouvelle l'accorde à la chose. Ainsi, les propriétaires d'enclaves pourront désormais chasser dans leurs propriétés sans aucune espèce de difficultés, et nul autre ne pourra y chasser sans leur consentement.

L'amendement de M. Luneau fut écarté par la Chambre, et l'art. 31 fut voté dans les termes que nous avons rappelés en commençant.

LOI

ᵉ SUR LA

POLICE DE LA CHASSE.

Louis-Philippe, Roi des Français, à tous présents et à venir salut,

Nous avons proposé, les Chambres ont adopté, nous avons ordonné et ordonnons ce qui suit :

SECTION PREMIÈRE.

De l'Exercice du Droit de Chasse.

Article Premier.

Nul ne pourra chasser, sauf les exceptions ci-après, si la chasse n'est pas ouverte, et s'il ne lui a pas été délivré un permis de chasse par l'autorité compétente.

Nul n'aura la faculté de chasser sur la propriété d'autrui sans le consentement du propriétaire ou de ses ayants droit.

Art. 2.

Le propriétaire ou possesseur peut chasser ou faire chasser en tout temps, sans permis de chasse, dans ses possessions attenant à une habitation et entourées d'une clôture continue faisant obstacle à toute communication avec les héritages voisins.

Art. 3.

Les préfets détermineront, par des arrêtés publiés au moins dix jours à l'avance, l'époque de l'ouverture et celle de la clôture de la chasse, dans chaque département.

Art. 4.

Dans chaque département il est interdit de mettre en vente, de vendre, d'acheter, de transporter et de colporter du gibier (1) pendant le temps où la chasse n'y est pas permise.

En cas d'infraction à cette disposition, le gibier sera saisi, et immédiatement livré à l'établissement de bienfaisance le plus voisin, en vertu soit d'une ordonnance du juge de paix, si la saisie a eu lieu au chef-lieu de canton, soit d'une autorisation du maire, si le juge de paix est absent, ou si la saisie a été faite dans une commune autre que celle du chef-lieu. Cette ordonnance ou cette autorisation sera délivrée sur la requête des agents ou gardes qui auront opéré la saisie, et sur la présentation du procès-verbal régulièrement dressé.

La recherche du gibier ne pourra être faite à domicile que chez les aubergistes, chez les mar-

chands de comestibles et dans les lieux ouverts
au public.

Il est interdit de prendre ou de détruire, sur le
terrain d'autrui, des œufs et des couvées de faisans, de perdrix et de cailles.

Art. 5.

Les permis de chasse seront délivrés, sur l'avis
du maire et du sous-préfet, par le préfet du département dans lequel celui qui en fera la demande aura sa résidence ou son domicile.

La délivrance des permis de chasse donnera
lieu au paiement d'un droit de 15 fr. au profit de
l'État, et de 10 fr. au profit de la commune dont
le maire aura donné l'avis énoncé au paragraphe
précédent.

Les permis de chasse seront personnels ; ils seront valables pour tout le royaume, et pour un an
seulement.

Art. 6.

Le préfet pourra refuser le permis de chasse,

1° A tout individu majeur qui ne sera point personnellement inscrit, ou dont le père ou la mère
ne serait pas inscrit au rôle des contributions ;

2° A tout individu qui, par une condamnation
judiciaire, a été privé de l'un ou de plusieurs des
droits énumérés dans l'art. 42 du Code pénal,
autres que le droit de port d'armes ;

3° A tout condamné à un emprisonnement de

plus de six mois pour rébellion ou violence envers les agents de l'autorité publique;

4° A tout condamné pour délit d'association illicite, de fabrication, débit, distribution de poudre, armes ou autres munitions de guerre; de menaces écrites ou de menaces verbales avec ordre ou sous condition; d'entraves à la circulation des grains; de dévastations d'arbres ou de récoltes sur pied, de plants venus naturellement ou faits de main d'homme;

5° A ceux qui auront été condamnés pour vagabondage, mendicité, vols, escroquerie ou abus de confiance.

La faculté de refuser le permis de chasse aux condamnés dont il est question dans les paragraphes 3, 4 et 5, cessera cinq ans après l'expiration de la peine.

Art. 7.

Le permis de chasse ne sera pas délivré,

1° Aux mineurs qui n'auront pas seize ans accomplis;

2° Aux mineurs de seize à vingt et un ans, à moins que le permis ne soit demandé pour eux par leur père, mère, tuteur ou curateur, porté aux rôles des contributions;

3° Aux interdits;

4° Aux gardes champêtres ou forestiers des communes et établissements publics, ainsi qu'aux gardes forestiers de l'État et aux gardes-pêche.

ART. 8.

Le permis de chasse ne sera pas accordé,

1° A ceux qui, par suite de condamnation, sont privés du droit de port d'armes ;

2° A ceux qui n'auront pas exécuté la condamnation prononcée contre eux pour l'un des délits prévus par la présente loi ;

3° A tout condamné placé sous la surveillance de la haute police.

ART. 9.

Dans le temps où la chasse est ouverte, le permis donne à celui qui l'a obtenu, le droit de chasser de jour, à tir et à courre, sur ses propres terres, et sur les terres d'autrui avec le consentement de celui à qui le droit de chasse appartient.

Tous autres moyens de chasse, à l'exception des furets et des bourses destinées à prendre le lapin, sont formellement prohibés.

Néanmoins les préfets des départements, sur l'avis des conseils généraux, prendront des arrêtés pour déterminer ,

1° L'époque de la chasse des oiseaux de passage, autres que la caille, et les modes et procédés de cette chasse ;

2° Le temps pendant lequel il sera permis de

chasser le gibier d'eau, dans les marais, sur les étangs, fleuves et rivières ;

3° Les espèces d'animaux malfaisants ou nuisibles que le propriétaire, possesseur ou fermier, pourra en tout temps détruire sur ses terres, et les conditions de l'exercice de ce droit, sans préjudice du droit appartenant au propriétaire ou au fermier de repousser ou de détruire, même avec des armes à feu, les bêtes fauves qui porteraient dommage à ses propriétés.

Ils pourront prendre également des arrêtés ,

1° Pour prévenir la destruction des oiseaux ;

2° Pour autoriser l'emploi des chiens lévriers pour la destruction des animaux malfaisants ou nuisibles ;

3° Pour interdire la chasse pendant les temps de neige.

Art. 10.

Des ordonnances royales détermineront la gratification qui sera accordée aux gardes et gendarmes rédacteurs des procès-verbaux ayant pour objet de constater les délits.

SECTION DEUXIEME.

Des Peines.

———

Art. 11.

Seront punis d'une amende de 16 à 100 francs,

1° Ceux qui auront chassé sans permis de chasse ,

2° Ceux qui auront chassé sur le terrain d'autrui sans le consentement du propriétaire.

L'amende pourra être portée au double si le délit a été commis sur des terres non dépouillées de leurs fruits, ou s'il a été commis sur un-terrain entouré d'une clôture continue faisant obstacle à toute communication avec les héritages voisins, mais non attenant à une habitation.

Pourra ne pas être considéré comme délit de chasse le fait du passage des chiens courants sur l'héritage d'autrui, lorsque ces chiens seront à la suite d'un gibier lancé sur la propriété de leurs maîtres, sauf l'action civile, s'il y a lieu, en cas de dommage ;

3° Ceux qui auront contrevenu aux arrêtés des préfets concernant les oiseaux de passage, le gibier d'eau, la chasse en temps de neige, l'emploi des chiens lévriers, ou aux arrêtés concernant la destruction des oiseaux et celle des animaux nuisibles ou malfaisants ;

4° Ceux qui auront pris ou détruit, sur le terrain d'autrui, des œufs ou couvées de faisans, de perdrix ou de cailles ;

5° Les fermiers de la chasse, soit dans les bois soumis au régime forestier, soit sur les propriétés dont la chasse est louée au profit des communes ou établissements publics, qui auront contrevenu aux clauses et conditions de leurs cahiers des charges relatives à la chasse.

Art. 12.

Seront punis d'une amende de 50 à 200 francs, et pourront en outre l'être d'un emprisonnement de six jours à deux mois ,

1° Ceux qui auront chassé en temps prohibé ;

2° Ceux qui auront chassé pendant la nuit ou à l'aide d'engins et instruments prohibés, ou par d'autres moyens que ceux qui sont autorisés par l'art. 9 ;

3° Ceux qui seront détenteurs ou ceux qui seront trouvés munis ou porteurs, hors de leur domicile, de filets, engins ou autres instruments de chasse prohibés ;

4° Ceux qui, en temps où la chasse est prohibée, auront mis en vente, vendu, acheté, transporté ou colporté du gibier ;

5° Ceux qui auront employé des drogues ou appâts qui sont de nature à enivrer le gibier ou à le détruire ;

6° Ceux qui auront chassé avec appeaux, appelants ou chanterelles.

Les peines déterminées par le présent article pourront être portées au double contre ceux qui auront chassé pendant la nuit sur le terrain d'autrui et par l'un des moyens spécifiés au § 2, si les chasseurs étaient munis d'une arme apparente ou cachée.

Les peines déterminées par l'article 11 et par le présent article seront toujours portées au *maximum*, lorsque les délits auront été commis par des gardes champêtres ou forestiers des communes, ainsi que par les gardes forestiers de l'État et des établissements publics.

Art. 13.

Celui qui aura chassé sur le terrain d'autrui sans son consentement, si ce terrain est attenant à une maison habitée ou servant à l'habitation, et s'il est entouré d'une clôture continue faisant obstacle à toute communication avec les héritages voisins, sera puni d'une amende de cinquante à trois cents francs, et pourra l'être d'un emprisonnement de six jours à trois mois.

Si le délit a été commis pendant la nuit, le délinquant sera puni d'une amende de cent francs à mille francs, et pourra l'être d'un emprisonnement de trois mois à deux ans, sans préjudice, dans l'un et l'autre cas, s'il y a lieu, de plus fortes peines prononcées par le Code pénal.

Art. 14.

Les peines déterminées par les trois articles
qui précèdent pourront être portées au double
si le délinquant était en état de récidive, et s'il était
déguisé ou masqué, s'il a pris un faux nom, s'il a
usé de violence envers les personnes, ou s'il a fait
des menaces, sans préjudice, s'il y a lieu, de plus
fortes peines prononcées par la loi.

Lorsqu'il y aura récidive dans les cas prévus en
l'art. 11, la peine de l'emprisonnement de six
jours à trois mois pourra être appliquée, si le
délinquant n'a pas satisfait aux condamnations
précédentes.

Art. 15.

Il y a récidive lorsque, dans les douze mois qui
ont précédé l'infraction, le délinquant a été condamné en vertu de la présente loi.

Art. 16.

Tout jugement de condamnation prononcera
la confiscation des filets, engins et autres instruments de chasse. Il ordonnera, en outre, la destruction des instruments de chasse prohibés.

Il prononcera également la confiscation des
armes, excepté dans le cas où le délit aura été
commis par un individu muni d'un permis de
chasse dans le temps où la chasse est autorisée.

Si les armes, filets, engins, ou autres instruments de chasse n'ont pas été saisis, le délin-

quant sera condamné à les représenter ou à en payer la valeur, suivant la fixation qui en sera faite par le jugement, sans qu'elle puisse être au-dessous de 50 fr.

Les armes, engins ou autres instruments de chasse abandonnés par le délinquant resté in-connu, seront saisis et déposés au greffe du tri-bunal compétent. La confiscation et, s'il y a lieu, la destruction en seront ordonnées sur le vu du procès-verbal.

Dans tous les cas, la quotité des dommages-in-térêts est laissée à l'appréciation des tribunaux.

Art. 17.

En cas de conviction de plusieurs délits prévus par la présente loi, par le Code pénal ordinaire ou par les lois spéciales, la peine la plus forte sera seule prononcée.

Les peines encourues pour des faits postérieurs à la déclaration du procès-verbal de contraven-tion pourront être cumulées, s'il y a lieu, sans préjudice des peines de la récidive.

Art. 18.

En cas de condamnation pour délits prévus par la présente loi, les tribunaux pourront pri-ver le délinquant du droit d'obtenir un permis de chasse pour un temps qui n'excédera pas cinq ans.

Art. 19.

La gratification mentionnée en l'art. 10 sera prélevée sur le produit des amendes. — Le surplus desdites amendes sera attribué aux communes sur le territoire desquelles les infractions auront été commises.

Art. 20.

L'art. 463 du Code pénal ne sera pas applicable aux délits prévus par la présente loi.

SECTION TROISIÈME.

De la Poursuite et du Jugement.

Art. 21.

Les délits prévus par la présente loi seront prouvés, soit par procès-verbaux ou rapports, soit par témoins, à défaut de rapports et procès-verbaux, ou à leur appui.

Art. 22.

Les procès-verbaux des maires et adjoints, commissaires de police, officier, maréchal des logis ou brigadier de gendarmerie, gendarmes, gardes forestiers, gardes pêche, gardes champêtres, ou gardes assermentés des particuliers, feront foi jusqu'à preuve contraire.

Art. 23.

Les procès-verbaux des employés des contributions indirectes et des octrois feront également foi jusqu'à preuve contraire, lorsque, dans les limites de leurs attributions respectives, ces agents rechercheront et constateront les délits prévus par le paragraphe premier de l'article 4.

Art. 24.

Dans les vingt-quatre heures du délit, les procès-verbaux des gardes seront, à peine de nullité, affirmés par les rédacteurs devant le juge de paix ou l'un de ses suppléants, ou devant le maire ou l'adjoint, soit de la commune de leur résidence, soit de celle où le délit aura été commis.

Art. 25.

Les délinquants ne pourront être saisis ni désarmés ; néanmoins, s'ils sont déguisés ou masqués, s'ils refusent de faire connaître leur nom, ou s'ils n'ont pas de domicile connu, ils seront conduits immédiatement devant le maire ou le juge de paix, lequel s'assurera de leur individualité.

Art. 26.

Tous les délits prévus par la présente loi seront poursuivis d'office par le ministère public, sans préjudice du droit conféré aux parties lésées par l'article 182 du Code d'instruction criminelle.

Néanmoins, dans le cas de chasse sur le terrain d'autrui sans le consentement du propriétaire, la poursuite d'office ne pourra être exercée par le ministère public, sans une plainte de la partie intéressée, qu'autant que le délit aura été commis dans un terrain clos, suivant les termes de l'article 2, et attenant à une habitation, ou sur des terres non encore dépouillées de leurs fruits.

Art. 27.

Ceux qui auront commis conjointement les délits de chasse, seront condamnés solidairement aux amendes, dommages-intérêts et frais.

Art. 28.

Le père, la mère, le tuteur, les maîtres et commettants, sont civilement responsables des délits de chasse commis par leurs enfants mineurs non mariés, pupilles demeurant avec eux, domestiques ou préposés, sauf tout recours de droit.

Cette responsabilité sera réglée conformément à l'article 1384 du Code civil, et ne s'appliquera qu'aux dommages-intérêts et frais, sans pouvoir toutefois donner lieu à la contrainte par corps.

Art. 29.

Toute action relative aux délits prévus par la

présente loi sera prescrite par le laps de trois mois, à compter du jour du délit.

SECTION QUATRIÈME.

Dispositions générales.

ART. 30.

Les dispositions de la présente loi relatives à l'exercice du droit de chasse ne sont pas applicables aux propriétés de la couronne. Ceux qui commettraient des délits de chasse dans ces propriétés seront poursuivis et punis conformément aux sections 2 et 3.

ART. 31.

Le décret du 4 mai 1812 et la loi du 30 avril 1790 sont abrogés.

Sont et demeurent également abrogés les lois, arrêtés, décrets et ordonnances intervenus sur les matières réglées par la présente loi, en tout ce qui est contraire à ses dispositions.

Fait au palais des Tuileries, le 3e jour du mois de mai, l'an 1844.

Imprimerie de COSSE, J. DUMAINE et N. DELAMOTTE, rue Christine, 2.

9 7 8 2 0 1 9 6 2 9 9 4 6